U0146735

尺寸

千里远景，如在尺寸之间。

What Have the Greeks Done for
Modern Civilisation?

John Pentland Mahaffy

在希腊
通往现代世界

[爱] 约翰·蓬特兰·马哈菲 著　　周琴 译

中国工人出版社

序 言　　*PREFACE*

1908年12月至1909年1月，应洛厄尔研究所(Lowell Institute)的邀请，我在波士顿举办了一系列讲座。在许多参加和没能参加这一系列讲座的人士的期盼下，这本根据讲座内容整理的书得以出版。本书几乎涵盖了欧洲社会受古希腊影响的所有领域，不仅包括当今艺术的领域，还包括现代人自诩拥有绝对优势的思想领域。读者会发现，即使在以下简短、通俗的概述中，仅从"思维"这个角度来看，与在其他领域的表现相比，古希腊人在科学领域的成就同样卓越，无人能及。他们虽然没有发现蒸汽和电的力量，但在机械工程领域的表现是现代任何一位建筑大师都无法媲美的，即便现代建筑大师自诩拥有对抗自然的能力。

　　长期以来，特别是在美国，古希腊研究享有的崇高荣誉被漠视，甚至被蔑视。据说，在美国，为"实用"而仓促制订的教育计划即将取代旨在培养绅士的传统博雅教育，所以我以为美国已经彻底不受古希腊文明的影响。不过，到访美国期间，我发现先前自己对美国的固有印象存在偏差。通常来说，几乎每个人对陌生国家都会形成与现实有偏差的固有印象，只有置身其间，慢慢体验，才能逐步纠正固有的印象。许多迹象表明，美国大众并不认可现代科学的绝对统治地位，也不满足于无知的年轻人或其更无知的父母所提倡的专业教育。就连那些拥有良好判断力——这是美国社会的坚实核心——的工厂老板也开始意识到，比起只拥有一门专业技术的年轻工人，受过博雅教育的年轻工人更聪明，工作效率更高。毕竟学手艺的学徒也会受到自己储备知识的影响。

　　因此，美国上一代人的错误观念——可能受哈佛大学及其他大学的影响形成的——有机会得到纠正，适合的大学教育将再次取代早年的实用教育。如果健全的教育得以恢复，那么古希腊研究必将恢复往日的重要地位。而且现代人比他们的先辈更了解古希腊。如有必要，现代人还会用一种全新的方式来表明古希腊研究的重要性。同时，希腊语教学必须改革。和现代语教学一样，必须通过听写、背诵、写作和阅读等方式教授希腊语。希腊语的学习必须富有人情味，生动活泼。然而，英国许多公立学校在语言教学过程中把古老语言视为已经消亡的语言。现代语言教学因为效仿了这种教学思路也遭受重创。正是这股语言教学风气及其对类似学习领域的影响，让许多人对希腊语学习产生了偏见。不过，我相信，这种语言教学风气一定会得到扭转，一定会有一种更好的教学方法。它会把所有语言都作为人类表达的鲜活载体，而希腊语一定是最完美的一种。

如果本书有助于语言教学的改革，那么本书的出版目的就达到了。

我要感谢许多美国朋友的支持和鼓励。在美国开展讲座期间，几乎每个人都愿意倾听我的声音。在一些讨论中，特别是在费城的一些讨论中，有特别多的意见给我带来极大启发。其中，我觉得有两个观点值得在此一提。

一个观点是，在放弃希腊语、保留拉丁语的问题上，美国的希腊语和拉丁语教授与爱尔兰的教授面临一样的现实。无论是在美国还是在爱尔兰，人们都忽视了一个现实，即拉丁语的教学状况正在恶化。未来，人们一定会逐渐相信，一个不懂希腊语的教师不可能成为真正意义上的拉丁语学者。人们不可能在放弃了希腊语的同时，还自诩保留了拉丁语。

另一个观点则与现在如火如荼的英国文学课程有关。在美国期间，我从未听见英语专业的学生畅谈英国文学。毫无疑问，我们有许多可敬的英语专业的教授，他们都是名副其实的研究英国诗人和散文作家方面的专家。然而，我发现，无论我引用英国诗人的作品，还是引用像《圣经》这样伟大的内容，这些本该是英语专业的年轻人最熟悉的内容，他们却一无所知。这是一个很奇怪的现象。这个现象让我得出如下结论：没有受过古典教育的人，即使想要真正欣赏英国文学，也心有余而力不足。显然，英语诗歌学习不同于古典语言诗歌学习，但从古典语言的学习中获得的文学乐趣却会影响其他语言的文学的学习。

约翰·蓬特兰·马哈菲

1909年1月20日

于"凯尔特"号皇家邮轮上

目　录 | *CONTENTS*

目　录

第一章 ｜ ·导　论 001

第二章 ｜ ·古希腊诗歌 023

第三章 ｜ ·古希腊散文 053

第四章 ｜ ·古希腊艺术（一）：建筑和雕塑 083

第五章 ｜ ·古希腊艺术（二）：绘画和音乐 105

第六章 ·科学：语法——逻辑——数学——医学　　123

第七章 ·政治——社会学——法律　　149

第八章 ·高阶思维——哲学——思辨与应用神学　　173

第一章　　　*CHAPTER I*

·导 论

INTRODUCTORY

半个多世纪以来，我都在研究古希腊的艺术、政治、文学、哲学和科学。此时，我非常高兴，能在这个盛大、庄严的场合和各位分享我的研究内容。你们的知识水平及你们对学生工作的支持得到了全世界的认可。对任何一个欧洲人而言，能在此发言，都是一种莫大的荣幸。当然，这也意味着一份沉重的责任。站在你们面前，我满心敬畏，因为我面对的是一丝不苟的听众，还有广大的美国公众，是来自不同地区、受过教育的人。我高兴的是，你们很早就读过我的书，对我有所了解。

无论从哪个角度看，古希腊文明对现代文明的有益影响都显而易见。我相信，你们都认同这个观点，而本书的书名也是因此而来。如果你们心中仍有疑虑，那么我相信，在听了我的讲座后，你们也会豁然开朗。即使对那些高度认可古希腊文明对现代文明有诸多有益影响的人而言，明确的证据未必无用。这些证据将解释一种现象，即长久以来，教师为什么要把希腊语作为博雅教育的基本要素。就目前而言，我想我的演讲中最有意义的内容，将是探讨古希腊人为什么如此卓越。他们每一项伟大成就背后的成功因素都隐藏在历史深处。目前对"古希腊智慧为什么伟大"这个课题的研究，其史前原因的研究很可能比其证据的研究更重要。而关于"古希腊智慧为什么伟大"这个课题的相关研究资料，要么来自考古发掘，要么来自文献记载。对你们中的一些人说来，探讨"古希腊智慧为什么伟大"这个课题，不免枯燥乏味。为此，我将尽最大努力，通过列举事例及拓展相关知识的方式来予以缓解。

我认为，有两个方面足以表明古希腊文明有多么璀璨。

先说第一个方面。一般人，特别是不愿费心学习希腊语的人会认为，古罗马文明成就了古希腊文明的伟大。古罗马以其道路、军队、法律和语言征服了西方世界，甚至让蛮族都深深铭记古罗马文明。拉丁人是古罗马人的"女儿"，一直到17世纪，拉丁人都处于文明前沿，而拉丁人很少直接受到古希腊文明的影响。

然而，假设古罗马人是北欧和西欧启蒙运动的先驱，那么古罗马人为什么会如此依赖古希腊文明？古罗马人为什么要承认古希腊文明是古罗马文明进步的唯一源泉？古罗马人先后接触过迦太基文明、叙利亚文明和古埃及文明，却只对它们感到好奇，而古希腊文明最终成了古罗马人精神生活的重要组成部分。大诗人维吉尔(Virgil)的每一部作品都受到古希腊文明的影响。他甚至翻译了古希腊的一些二流作品。大艺术家贺拉斯(Horatius)以在自己家乡创作了古希腊抒情诗而自豪。在现代批评家眼中，卢克莱修(Lucretius)的作品以独创性著称，这主要是因为他效仿的古希腊原作消失了。他宣称，自己的主要成就在于大胆效仿一种此前从未被效仿过的古希腊诗歌。很难想象，还有什么比上述事例更能充分说明，古希腊文明对其邻邦产生了多么重大的影响！我只想提醒你们，15世纪，新一轮古希腊文明浪潮进入罗马化的欧洲，掀起了一场文学和艺术的革命，即文艺复兴(Renascence)。

关于第二个方面，我们先来看一种截然不同的理论。通常，大多数希腊现代史开篇都会提出这个理论，以表现古希腊文明的非凡成就。这一理论呼应了亨利·巴克尔(Henry Buckle)的《英国文明史》(History of Civilization in England)的著名开篇。在书中，亨利·巴克尔断言，人是外部环境的产物，外部环境不仅决定了人的身体特征，还决定了人的智力发展。古埃及的成就及古埃及人早期能够克服自然障碍，都得归因于埃及炎热、潮湿的气候。爱琴海一带气候温和，岛屿众多，海岸线蜿蜒曲折，此外，爱琴海一带的自然特征多样。因此，生活在爱琴海沿岸的古希腊人天然具有了一种素质，可以使古希腊文明领先于其他文明。不过，这个结论是基于极度肤浅而不准确的观察所得出的。地理上，埃及与邻国隔绝，而尼罗河(Nile)横贯整个埃及。通常认为，埃及必然是一个统一体。现在看来，这个观点是错误的。最初，埃及有两个国家，后来才完成统一，统一的过程很漫长。它的统一不是出于自然的需要，而是因为征服者的天才。印度河(Indus)流域的自然特征类似于埃及。遥远的青藏高原给印度河支流带来了周期性的洪水，印度河三角洲从海得拉巴(Hyderabad)向下延伸。印度河流经之处有一片沙漠，正是这片沙漠的存在，使流经沙漠的印度河的支流数量没有增加。然而，令人讶异的是，生活在印度河流域的民族从未像古埃及人那样取得过辉煌的成就。学界研究后提出一种观点：如果古埃及人定居在印度河流域，而印度河流域的民族定居在尼罗河流域，那么，印度河和尼罗河在人类文明中扮演的角色就会互换。而我个人相信，古希腊人如果定居在意大利对面的亚得里亚海(Adriatic)沿岸及诸岛，或者定居在有岬角和海湾、可看到富饶岛屿的意大利西海岸，而不是小亚细亚，同样会有一番作为。环境无法使开化程度非常低的科西嘉人(Corsicans)和撒丁人(Sardinians)变得文明。在所有民族中，科西嘉人和撒丁人所处的地理位置最好。我不打算把西西里岛(Sicily)作为典型案例来讲。在西库尔人(Sicels)、西坎人(Sicani)和腓尼基人(Phoenicians)的长期统治下，西西里岛一直默默无闻，后来是古希腊人把默默无闻的西西里岛建成了一个辉煌的地区。当时，古希腊的人口规模已非常庞大。你们中的一些人也许会认为，古希腊人是雅利安人中血统更纯正的一支，所以才会拥有如此优秀的品质，就像雅弗(Japhet)①住在闪(Shem)②的帐篷里，他们身上没有低等民族的糟粕，而其他雅利安人身上还保留了低等民族的兽性。但事实似乎恰恰相反：深入研究希腊语，人们就会发现一些非雅利安语系的奇怪词根、常用词，这些无论如何都无法用雅利安语词根来解释。然而，只要你们研究过梯林斯(Tiryns)、阿索斯(Assos)及其他类似地名，就会得出这样一个结论：血统上，古希腊人并不比斯

---

① 雅弗，《圣经》中诺亚的儿子。在中世纪和现代早期的欧洲传统中，雅弗被认为是欧洲人的祖先。——译者注
② 闪，《圣经》中诺亚的儿子。犹太人、基督徒和穆斯林的祖先亚伯拉罕是闪的后裔。——译者注

拉夫人(Slavs)或凯尔特人(Celts)更纯正。[1]为了说明古希腊人智慧过人，我不得不提到一个还未得到验证的事实，即古希腊人拥有邻邦人不具备的天赋。迄今为止，除了人口数量的增长之外，人类其他方面并没有因气温和水而得到改善。对历史学家说来，仍有一个未解之谜，那就是，与如今能研究或推断出的最早时期的情况相比，虽然一些民族已有所进步，而其他民族，尽管拥有得天独厚的条件，发展水平却还是不高。而令我无法解释的一种现象是，在安定的社会里，个别天才仍只会零星地、毫无规律地出现。一个民族因整体拥有非凡的天赋而被载入史册会比在生活中出现个别天才更加令人匪夷所思。如果回顾那些帝国缔造者或颠覆者的家族史，回顾那些为科学开拓新领域或为文学做出突出贡献的杰出人才的家族史，你们会发现，这些天才零星出现的现象毫无规律或理由。天才们就像那灿烂的流星，从夜空的星海中倏然划过。这些零星天才的父母通常表现平庸，其兄弟姐妹也毫不起眼；而在大家族的同辈中，天才可能年龄最大，也可能年龄最小，还可能年龄居中；他们可能单身，也可能结婚生子；他们也并非天生就身强体壮。从前，有个遗腹子，他出生时，又小又可

---

[1]　奥古斯特·菲克(August Fick)1905年出版的《作为希腊历史源头的古希腊地名》(*Former Greek Place Names as a Source for the History of Greece*)显示，绝大多数古希腊地名都不是希腊语，最纯粹的文化之乡阿提卡的情况尤其如此。由此可见，即使在阿提卡，仍有大量土著(古希腊人到来之前的原始居民)幸存下来。这就是雅典人自称的"土生土长"的新意义。——原注

怜。要不是因为伤心欲绝，其寡母一定会想尽办法养育他，因为这是她的第一个孩子。万幸的是，仁慈的邻居对这个被遗弃的孩子呵护备至，这才让可怜的小家伙幸存下来。度过一个精致而单调的青少年时期后，这个孩子去了剑桥大学。晚年时，他被称为艾萨克·牛顿爵士(Sir Isaac Newton)。

只要人类生命的起源还是一个谜，人们就只能把历史上天才零星出现的现象看成是一种偶然，而无法合理解释当一个民族中大部分人的智力水平都处于平均水准上下时，为什么会有天才零星出现。不过，我坚持一个观点：不要因为无法解释就否认任何重大的事实。我做一个极端的假设：如果一个民族的整体天赋优于其他民族，那么，天才的内涵是什么？第一个答案，也是最肤浅的答案，即天才具有独创精神，能提出新的想法，找到解决问题的新方法，发现研究的新方向，而普通人只会学习天才已发现的内容。更深入、更仔细的研究表明，绝对的新思想非常罕见，天才几乎都是在吸收他人思想的基础上重铸自己的思想，创造一种看似全新、其实只是建立在旧思想基础上的思想。没有什么能比著名作曲家的事例更能证明这个观点了。绝对原创的旋律罕见、珍贵，拥有原创天赋的人理所当然是天才。不过，作曲家的原创性来源于旋律的同化与再生。

如果同化他人是天才非常重要的特征，那么在这一点上，天赋异禀的古希腊人表现不凡。除了拥有同化他人的能力，古希腊人还居住在一个非常适于提出新思想的地区。这里为古希腊天才提供了充足的空间。一些研究者非常重视一个民族定居地的地理特点，而我的观点则与之大相径庭。在伟大的历史进程中，古希腊人对外在自然界的感知始终不像世人期待的那样强烈。对如画的大自然，古希腊人缺乏认知，这甚至被认为是他们的一个显著缺点。我虽然不认可对居住于某地的民族来说，地理特点具有决定性作用的观点，但也不否认地理位置的重要作用。我想，你们在历史里找不到与古希腊人类似的情形。在截然不同的文明影响下，古希腊人建立了家园，并从这些截然不同的文明中吸收思想，加以整合，并为己所用。

　　无疑，古希腊人受到东南方各种文明的影响。有关卡德摩斯(Cadmus)[①]、达那俄斯(Danaus)[②]等的传说表明，腓尼基文明和古埃及文明曾传入古希腊。克里特岛(Crete)米诺斯文明也曾传入古希腊。研究发现，米诺斯文明真实存在过。古希腊早期部分文明就是从米诺斯穿过爱琴海群岛到达希腊海岸的。至于克诺索斯(Knossos)[③]早期使用的图形文字系统是否传入迈锡尼(Mycenae)或

---

① 卡德摩斯，希腊神话中的英雄人物，腓尼基国王阿革诺耳之子，底比斯王国的创始人。——译者注
② 达那俄斯，古埃及国王柏罗斯的儿子，普托斯的双胞胎兄弟。埃斯库罗斯将达那俄斯及其女儿们的传说改编成悲剧《乞援人》。——译者注
③ 克诺索斯是克里特岛上的一个米诺斯文明遗迹，被认为是传说中米诺斯王的王宫。它位于克里特岛的北面，海岸线的中点，是米诺斯时代已发现最宏伟壮观的遗址，可能是整个文明的政治和文化中心。——译者注

梯林斯，学界目前还没有找到相关证据。克诺索斯早期使用的图形文字，很可能就是荷马(Homer)所说的"可怕的象征"。柏勒洛丰(Bellerophon)[①]很有可能曾带着使用克诺索斯早期图形文字书写的信来到利西亚(Lycia)国王面前。无论如何，希腊大地上的确出现过腓尼基文字，也出现过巴比伦的雕刻印章。因为鸵鸟蛋、非洲象牙及许多物品上的图案不会说谎。尽管如此，古希腊最早的艺术(我现在还不会称其为"古希腊艺术")还是属于欧洲的艺术，而非东方的艺术。古希腊最早的艺术拥有自己的特色。我认为，没有必要强调古希腊最早的艺术的原创性，因为它很可能受到了源于中欧的凯尔特文明的影响。凯尔特文明拥有自己的特点。研究表明，凯尔特文明对迈锡尼艺术产生了影响。凯尔特文明从希腊北部传入希腊后，被叫作"佩拉斯吉文明"。在已发掘的墓穴中，甚至远至爱尔兰旧时圆形堡垒中，都有凯尔特文明的痕迹。人们如今喜欢用波罗的海(Baltic)的琥珀(在古希腊，琥珀就像鸵鸟蛋一样稀奇)做装饰品的做法就源于凯尔特文明。凯尔特文明带来了早期青铜武器，可能还有将死者埋葬在蜂窝墓穴[②]中的

① 柏勒洛丰，希腊神话中的英雄人物，海神波塞冬(一说为格劳科)与尤瑞诺美之子。普洛托斯的王后爱上了柏勒洛丰，被拒后诬其强奸，恼怒的国王便派柏勒洛丰送信给自己的岳父利西亚国王，利西亚国王很赏识柏勒洛丰，看了信后，不忍亲自动手，便让柏勒洛丰去杀死奇美拉(Chimera)，以借怪物之手杀死他。—译者注

② 蜂窝墓穴，也叫蜂巢墓，是一种墓葬结构，由小块泥砖或石头依次叠加垒成，形成圆顶。这种墓穴结构类似蜂巢，因而得名。——译者注

传统。实际上，凯尔特文明还带来了用图案装饰工具和武器的做法。此外，谁又能说得清古希腊人吸收了多少佩拉斯吉文明的精华呢？所以古希腊人受到凯尔特文明和东方文明的双重影响，并从截然不同的文明中创造出了属于自己的文明。最终，古希腊文明发展成世界上最完美的文明。

拥有同化能力的人类似乎也有弱点，即在同化其他民族时，有可能融入对方。人类历史上出现过被征服的民族放弃自己的语言、宗教而接受征服者的语言、宗教的情况，也出现过被征服者完全融入征服者的情况。古希腊人虽然易于接受外来思想，时刻向邻邦学习，但他们从未放弃自己的主导地位。除了个别情况，他们从未被其他民族同化。埃雷特里亚人(Eretrians)被大流士一世(Darius I)俘虏到亚细亚，定居在巴比伦富饶的土地上。按理说，长此以往，埃雷特里亚人肯定会融入周围的民族。但在近两百年后，马其顿国王亚历山大大帝(Alexander III of Macedon)远征时，埃雷特里亚人的特征还清晰易辨。许多埃雷特里亚人很有可能也保留了源自文明世界另一端——波塞冬尼亚(Posidonia)(即帕埃斯图姆)人影响深远的习俗。正如斯特拉博(Strabo)所说，虽然萨莫奈人(Samnite)一次又一次地野蛮对待波塞冬尼亚人，但经过几个世纪的沧桑巨变后，波塞冬尼亚人还是会年年哀叹自己的命运，痛惜失去的希腊生活。除了个别情况，无论对方民族的文明程度有多高，无论对方民族占据什么样的主导地位，古希腊人几乎都坚决拒绝融入其他民族。从荷马时代一直到今天，希腊人的语言及其他特征从未改变。几乎每一个学者都把雅典视为神圣的象征。

希腊语的一个显著特点就是永恒性。公元前8世纪到公元前3世纪，任何一代希腊人都理解荷马。有人可能会认为，这源于情感上的因素。不过，我认为这是因为希腊语具有永恒性。最早的雅典散文用语与今天的雅典散文用语并没有太大差别，这为现代研究提供了一个语言永恒性的独特例子。我这么说吧，如果现在把希罗多德(Herodotus)[①]从坟墓中请出来，给他手里放一份今天的希腊报纸，一开始，他可能会觉得陌生，但用不了多久，他就能认得报纸上的文字。希罗多德还会发现，报纸上的文字就是雅典人使用的语言。虽然他会觉得报纸上的文字粗俗，甚至野蛮，但还是会在一两天内将其读得特别流利。据我所知，欧洲其他地方并没有类似的情况。

我认为，没有必要详细阐述古希腊文明永恒性的话题。我的《希腊的社会生活：从荷马到米南德》(Social Life in Greece from Homer to Menander)一书的主要论点是，在智力和艺术方面，虽然后人的成就无法与古希腊人的成就相匹敌，但在荷马时代、阿尔凯奥斯(Alkaios)时代、品达罗斯(Pindar)时代、柏拉图(Plato)时代、色诺芬(Xenophon)时代及德摩斯梯尼(Demosthenes)时代，希腊人的

---

① 希罗多德(约前484—前425)，古希腊作家、地理学者，其著作《历史》是西方文学史上第一部完整流传下来的散文作品。古罗马演说家西塞罗称他为"历史之父"。——译者注

精神品质与那些宣称拥有马其顿主权的希腊人的精神品质大致相同：聪明、好胜、勤奋、爱国、嫉妒、不虔诚、不诚信。在现实生活中，我们肯定可以找到像菲迪亚斯(Pheidias)和波利克里托斯(Polyclitus)、斯科帕斯(Scopas)和普拉克西特列斯(Praxiteles)这样的典型[①]，也能找到像柏拉图《对话录》(Dialogues)中的人物一样的人。这些人拥有的艺术天分和文学天赋，使他们能理解"完美"的内涵，并使完美永存。古希腊社会高度文明，但绝非十全十美。我之所以提及古希腊人的一般素质，是为了向你们强调，站在你们面前的我不是一个只看到自己最喜爱的学问的老学究，而是一个根据常识来判断历史的普通人。

然而，现代人要直面古希腊人的精彩并不容易。自从吸收了古老、丰富的文明遗产，古希腊人几乎在每个领域都取得了辉煌的成就。首先，古希腊人同化了先前生活在小亚细亚的人，成了这片土地的唯一主人。一些古希腊人甚至吹嘘他们就是小亚细亚的原住民。后来，在小亚细亚，古希腊人与美索不达米亚这片土地上的帝国发生冲突，遂向地中海沿岸迁徙。古希腊人占领了意大利和西西里，并成功抵抗了波斯帝国一次

[①] 读过我的《希腊游学》(Rambles and Studies in Greece)的读者一定还记得，我曾在埃伊纳岛(Aegina)遭遇海难，被迫在一座简陋的私人住宅里寻求庇护。当我在晨光中看见住宅里的女人时，我对同伴们大声说道："'帕特农神殿(Parthenon)的雕像'走进了房间，那女人的形体尽善尽美。"——原注

次的进攻，避免成为波斯帝国的一部分。然而，即使身处亚细亚地区的古希腊人，在波斯人的统治下并历经好几代后，也从未丧失古希腊人的民族特性。所以，当波斯帝国在马其顿王国的进攻下覆灭时，曾受波斯人统治的古希腊人并不需要恢复其民族身份，因为他们从未失去原有的身份。当古希腊人统治马其顿、亚细亚及埃及时，甚至到起初十分尊敬、后来却蔑视古希腊人的古罗马人崛起时，古希腊文学、哲学、艺术及其博雅精神的统治地位都从未动摇过。古希腊文明的影响一直未曾消失。受古希腊文明的影响，东西方之间出现了一条新的分界线。此外，拜占庭帝国又建立了一个新首都。在拜占庭，对当时未开化的西方世界而言，古希腊的优雅和艺术仍然是高贵和华丽的极致典范。即使十字军及土耳其人相继将辉煌的拜占庭抢掠一空后，少数逃亡的学识渊博的古希腊人仍以其继承的不朽的文学遗产照亮了西欧知识分子的天空。从那以后，这光亮便再未消逝。

我认为最后一次古希腊式的伟大复兴，即文艺复兴，对现代人特别有启发意义。文艺复兴已充分说明，与直接传承相比，获得"二手"知识也能产生同样的影响。毫无疑问，在古罗马帝国晚期和中世纪早期，古希腊文明早已走进古罗马人的生活。在法律、建筑、机构组织等方面，比起自己的"老师"古希腊人，古罗马人取得了更大的成就。就连最近风靡的希腊风格的建筑，即拜占庭风格的建筑，在当时也已经传到了意大利、法兰西、德意志和英格兰等地。在这些地方的教堂建筑中，拜占庭风格的建筑地位很高，威尼斯的圣马可大教堂是这种风格的典范。君士坦丁堡人迹罕至的圣索菲亚大教堂也属于这种建筑风格。在其他领域，拉丁化的古希腊风格作品同样继承了古希腊文化的优点。不过也有例外，比如，圣哲罗姆(Saint Jerome)在比较他的拉丁通俗译本《圣经》(Latin Vulgate)与原版的希腊文、希伯来文《圣经》时，就认为他的译本好像钉在两个强盗中间的耶稣基督。大量的古希腊雕像和神殿可供仿制。世人公认的古希腊最杰出、最博学的哲学家亚里士多德(Aristotle)，差点就被拉丁人封为圣徒。维吉尔的思想难道不比荷马更深刻吗？维吉尔难道不比荷马更有艺术修养吗？在音韵和内涵方面，《末日经》(Dies Irae)①难道不比贺拉斯或奥维德(Ovid)的作品更宏大吗？西方世界成了拉丁语世界，人们满足于古希腊文明在古罗马文明中的激荡、回响。

古希腊文明再现，几乎意味着惊天巨变。人们突然发现，比起古希腊文明，在前几个世纪蓬勃发展的古罗马文明已经褪色。在建筑和艺术领域，新的来自北方的影响使古罗马文明失去了纯洁性。一如但丁曾描绘过的阴郁、宏大，即中世纪最重

① 《末日经》，中世纪拉丁语诗歌，记述了逝者的灵魂接受上帝的末日审判，无法得到救赎的灵魂会被投进永恒的火焰之中接受惩罚。——译者注

要的产物①，以其残酷无情的信条摧毁了维吉尔曾真切理解的、古希腊式生活中的欢快与光明。无疑，随着古希腊文明的回归，无信仰和异教信仰紧密结合。那些拒绝相信只有受到更大罪恶威胁才能免罪的人，义无反顾地投身于反抗罗马教会的精神暴政的伟业中。我所谓的"罗马教会的精神暴政"，是指罗马教会对众生施加的永恒折磨。哥特式神殿无疑是理想的阴郁场所。在那里，人们可以膜拜残酷无情的上帝及受苦受难的基督。而文艺复兴时期的宫殿是充满光明和欢乐的场所。人们带着惊喜之情，在那里阅读《荷马史诗》、埃斯库罗斯(Aeschylus)的悲剧、阿里斯托芬(Aristophanes)的喜剧，并从中感受人类文明曾经的辉煌。

文艺复兴时期，古希腊研究重新成为博雅教育中地位最高的部分。人们深刻、彻底地了解并欣赏古希腊文字，这是古罗马人所不及的。人们开始分析并理解古希腊的逻辑、哲学及艺术的精妙之处。人们开始探究文艺复兴时发掘的宝藏，在古希腊找寻被掩埋的殿宇，在埃及的沙漠中找寻新的文献。19世纪的文化之所以昌盛，很大程度上要归功于当时的人对古典作品的深入鉴赏。这方面，让我印象最深的，莫过于三四年前，我在伦敦伯灵顿艺术俱乐部(Burlington Art Club)参观了被展出的一批

---

① 中世纪最重要的产物，指"罗马教会的精神暴政"及与之相配套的各种宗教设施。——译者注

古希腊文明的"残片"。它们都是些从私人业主那里收集的小物件：青铜雕像、半身像、装饰品、花瓶。聪慧的人看到这些小物件时，脑子里一定会立即闪现一个强烈的念头：本质上，所有这一切都是最高贵的艺术，不夹杂一丁点儿粗俗的元素。

在像我这样受过相关教育的人看来，毋庸置疑的事实是，古希腊研究具有无与伦比的优越性，特别是对新一代的教育而言。

奇怪的是，可能是受到美国的影响，过去二十年里，欧洲的文化潮流开始转向，古希腊研究的大潮正在回落。的确，接受高等教育过去一直是贵族享有的特权。但现在不同了，所有人，无论贫富，都有机会接受高等教育。此外，现代科学覆盖的领域越来越广，相应的，那些靠现代科学谋生的人对教育提出了更高的要求。同时，古希腊研究的范围不断扩大、形式更加多样，似乎已让学习者不堪重负。人们开始思考，为了摆脱当下的困境，自己可以付出什么代价。现代科学的倡导者自然乐于反对被他们称为"死亡的语言"的希腊语。对他们而言，希腊语似乎正变得越来越不可理解。现代科学的倡导者似乎已然取得胜利，因为希腊语的字母很奇怪，许多学校已不再开设希腊语学习的课程。在欧洲的大学里，也有一种不可抗拒的倾向，即把希腊语列为选修科目。大多数革新者对希腊语和拉丁语可谓一无所知。不过，他们仍然十分尊重希腊语，甚至极力推崇拉丁语在现代教育中的重要作用。可以预见，在不久的将来，同样的反对可能会落在另一种所谓的"死亡的语言"

身上。那时，人们又要抛弃人类精神家园中的一位成员。这种攻击完全忽视了目标的相对价值。任何对此稍有了解的人都清楚，与希腊语的消失相比，拉丁语的消失根本不值一提。在你们面前，我不打算就这个问题进行争论。如果说从拉丁语中，人们的收获至少有四分之三是因为拉丁文明建立在古希腊文明的基础上，那么研究古希腊语作品不比其他任何模仿的作品，如拉丁语作品要好得多吗？在此，我得说点题外话。

一些科学家①认为，仅凭拉丁语便足以研究语言和古代历史。除了这些科学家以外，英国和美国许多人都非常推崇高等教养。他们隐约知道，高等教养传承自古希腊文明。他们渴望从古希腊文明中寻找他们认为现代教育中缺乏的东西。可他们只是努力从"二手"资源里寻找，借助英语翻译、英语评论及像现在这样的讲座来填补他们早期教育中的空白。不可否认，现代翻译比一些模仿者要忠实得多，那些模仿者不惧用自己的调色板给古希腊艺术增色。此外，即便约瑟夫·马洛德·威廉·特纳(J.M.W.Turner)以独特的方式展现帕埃斯图姆(Paestum)的建筑物和雕像，使之比其他所有关于帕埃斯图姆的建筑物和雕像的照片都更显真实，但我们不得不承认，通过照片，摄影师再现了帕埃斯图姆的建筑物和雕像的轮廓，他们的作品远比最优秀的画家的作品更精确。这促使我向你们阐述一个目前最重

---

① 科学家，一个很普通却富有表现力的现代术语。——原注

要的、稍显微妙的事实：对优秀的原创，后人通常有不同的解读，而对模仿的作品，无论其多么优秀，都很少有一种以上的阐释。原创明显具有启发性，而模仿的作品则限制了人们的鉴赏空间。法律上，模仿的作品几乎毫无价值，艺术上同样如此。因为每模仿一次，都会丢失一些东西。请记住，模仿得越细致，模仿的作品就越可能被奴化。当然，我知道，有些模仿的作品比其原作更伟大，英文《圣经》中的《福音书》如此，维吉尔《田园诗》(Georgics)中译自阿拉托斯(Aratus)作品的部分也是如此。然而，这些罕见的例外并不能否定我的观点。比如维吉尔，这位也许是有史以来最优秀的翻译家，在忒奥克里托斯(Theocritus)这样的大师面前，其翻译的作品也显得很苍白。但我敢肯定，要不是维吉尔的《牧歌》(Eclogues)，人们对忒奥克里托斯将一无所知，在人们心目中，忒奥克里托斯也许将永远只是三流诗人。

对此，我认为最简单的做法，就是竭尽全力获得原作，不要满足于评论，要去看看原作。读了原作，你们一定会和15世纪的人文主义者一样感同身受。像我现在做的这类讲座，主要是为了鼓励你们不要满足于讲座的内容，你们应该略过举例、评论和赏析，直接研读优秀的原作。当然，对你们中的许多人而言，这的确有点不切实际。你们许多人正当中年，无法放下手头的工作再去学一门语言，因为一直以来，掌握一门语言都是一项十分艰巨的任务，并且随着年龄的增长，掌握新语言的难度更大。不过，如果你们自己做不到，至少应该激励、引导下一代去尝试。我认为，在美国，现在了解希腊语的人很少，仍有很大一部分人需要学习希腊语。几年前，在肖托夸(Chautauqua)夏季教育会，我曾教过欧里庇得斯(Euripides)的《阿尔克提斯》(Alcestis)。当时，我面临的困难是找不到《阿尔克提斯》的希腊文本。即使在纽约，我也必须耗费大量的时间和精力，才能获得自己想要的材料。确实，古希腊名著与其他完美的艺术品拥有共同的特点：即使模仿的作品也值得拥有。美国几乎所有的图书馆藏书中，都有很多古希腊名著的优秀译本，这一定要引起你们的注意。不过，如果能获得原作，那么那些即使曾帮助你们理解原作的译作将会一文不值。记得在哈登(Hawarden)的格拉德斯通图书馆里，我看到了威廉·尤尔特·格拉德斯通(William Ewart Gladstone)收藏的多个语种的《伊利亚特》，有几十甚至可能上百个版本，如英语、法语、德语、意大利语、西班牙语、丹麦语、挪威语、俄语、印地语等版本。这些译本都是译者寄给威廉·尤尔特·格拉德斯通的，以表示对他研究《荷马史诗》的敬意。我曾问过威廉·尤尔特·格拉德斯通，是否翻看过这些译本，他说："没有，我所有的精力都用在研究伟大的原著上了。"与译本这种形式相比，有没有一种更能清楚展现一部文学巨作的杰出之处的形式呢？即便已经存在许多优秀的译本，人们也不会满足，还会继续尝试令人沉醉、永无止境且毫无说服力的翻译大任。我相信，许多只会英语的人也能发现，对人类而言，有四部巨作有着永不消逝的魅力。这四部巨作分别是：荷马的《伊利亚特》、埃斯库罗斯的《阿伽门农》、但丁的《地狱》及约翰·沃尔夫冈·冯·歌德的《浮士德》。其中，有两部巨作是用希腊语写的。这里要注意，虽然希腊语创作的诗作中，还有几部同样重要，甚至能与上述四部巨作相匹敌[①]。但在以德语和意大利语创作的诗作中，再也找不出一部能与我刚才提及的四部巨作相媲美的。文学方面，古希腊人的成就便是如此卓著！其他艺术领域，虽然古希腊人取得的成果如今只余废墟或残片，但古希腊人在这些领域中的表现同样令人惊叹。如果你们向真正的专家，比如弗朗西斯·彭罗斯(Francis Penrose)或者威廉·德普费尔德(Wilhelm Dörpfeld)请教：在世界建筑中，古希腊建筑占据怎样的位置？他们的答案将会是，没有任何其他建筑能与雅典的帕特农神殿相提并论。埃及宏伟的卡纳克神殿(Karnak)、君士坦丁堡奇妙的圣索菲亚大教堂及美丽的兰斯主教座堂(Reims Cathedral)可能也是完美的建筑典范，然而，帕特农神殿以其简洁展现了艺术深度的微妙之处。基于此，人们完全可以认定：它是世界上绝佳的建筑典范。后面的讲座中，我会具体阐述古希腊人在其他艺术领域占

---

① 荷马的《奥德赛》、索福克勒斯(Sophocles)的《俄狄浦斯王》(Oedipus the King)、阿里斯托芬的《鸟》(The Birds)和《蛙》(Frogs)、品达罗斯(Pindar)的《皮提亚颂歌》(Pythian odes)，更不用说像萨福和西莫尼季斯(Simonides)的诗作及忒奥克里托斯的田园诗了。—原注

据的至高地位，此处不再赘述。

我现在感知到的古希腊文明的影响逐渐减弱的危险也曾发生在古罗马，从而导致了古罗马文明的堕落，直至陷入黑暗时代[①]。后来，古罗马帝国乐于以拉丁语文明取代滋养拉丁语文明的古希腊文明，而把古希腊艺术和文字束之高阁。我已经说过，模仿的作品不具备原作的生命力。随着科技的进步，及与物质相关的知识的增加，人们疲于奔命，成为被驯服、无趣的社会成员。尽管新发明为社会提供了许多新便利，人们却无法获得如人类文明的孩童时期那样的快乐与满足。孩子失明、无牙的先天缺陷可以通过科学技术弥补。的确如果没有科学，人们可能真的会被困在绝望的暗礁上。然而，在发动机、涡轮机及遍布全球的无线信息中，人们无法获得幸福，在充斥着无法解释的事实和谎言的日报中，人们也得不到幸福。

我无法相信，文明世界的人们会继续满足于如此黯淡的前景：接受工厂的垄断。[②]总的说来，人类社会有一种强大的恢复力。衰朽期过后，随之而来的不仅是新生，还有返老还童。任何一个时代，当世界变得沉闷、绝望时，人们都会有一种神秘的倾向，即把人类的快乐和忧虑抛到一边，而专注于永恒，

---

① 这里指西罗马帝国灭亡后西欧中世纪早期或整个中世纪，以经济和文化的衰落为特征。——译者注

② 在材料发明工厂里，熔炉和电灯取代了古希腊人崇拜的太阳神的光芒。——原注

专注于与宇宙精神交流过程中不可言说的喜悦。即使在现代美国，这种倾向也依然存在。对那些研究所谓的基督科学的病态的人而言，这显而易见。另一种倾向则是人文主义。人文主义者力图为人们找回生活的乐趣和美，并通过艺术强化之，通过健全的教育保护之。这是人类幸福的一个方面。迄今为止，古希腊人为世人完美地呈现了人类幸福。因此，对那些渴望改革现代社会审美的人而言，细致入微地研究古希腊人的生活具有很强的吸引力。对现代社会而言，古希腊人仍在一次次地产生着巨大而有益的影响。古希腊文明非但没有枯竭，反倒能治愈人类，难道人们不应对古希腊文明的复兴满怀希望吗？也许，杰出的诗人珀西·比希·雪莱(Percy Bysshe Shelley)的预言终会成真。他的预言实现的范围如此之广、程度如此之深，便是以他当时的远见卓识，也远未触及。

> 一个更加辉煌的希腊，
>
> 群山从平静的海面升起，
>
> 佩纽斯的山泉迎着晨星翻滚。
>
> 美丽的坦佩谷鲜花盛开，
>
> 年轻的基克拉迪岛在阳光的沐浴下沉睡。

第二章 | *CHAPTER II*

· 古希腊诗歌

GREEK POETRY

首先，我谈谈古希腊诗歌对现代社会的影响。关于我对古希腊诗人及其作品的详细阐述，相信一定有很多人已通过阅读我的《希腊文学史》（*History of Greek Literature*）一书而有所了解，因为这本书有两卷内容是专门讨论古希腊诗歌的。

在此，我会先介绍一下古希腊诗歌的一般特征。正因为这些一般特征的存在，古希腊诗歌才能成为后世各时代、各民族的典范。接下来，我将尽可能详细地指出古希腊诗歌对英语国家诗歌的影响。你们会发现，古希腊诗歌真正重要的特征并不是那么显而易见，也不是能随意说出的。从荷马到忒奥克里托斯，每一位古希腊诗人的作品最主要、最显著的特点，就是在创作过程中，它们都会经过诗人的仔细推敲，而绝不只是人类心灵世界的自然表露。"我含糊不清地念着数字，而数字自然而然就出现在我的脑子里。"一个非常做作的诗人骄傲地说。但对古希腊诗人而言，这根本不值得炫耀。古希腊诗人一向瞧不起所谓的未开化的天才。虽然古希腊诗人确实谈论过神性的疯狂、缪斯的灵感，但从未以此激励过无知的人，也从未以此教授过受教育者违反学校传统。《荷马史诗》的显著特点是其"人造性"。当我使用"人造"（在现代英语中，"人造"与"天然"相对，因此代表着低级[①]）这个词时，我觉得有必要对此做出解释。《荷马史诗》

---

① 当然，这个推论可能完全错误。人造往往是对自然进行的大幅改进。——原注

中的语言是否曾是古希腊人的日常用语，是值得探讨的。《荷马史诗》中充斥着奇怪的语言形式、各式各样的方言。现在看来，其中有些语言甚至不符合语法规则。一群吟游诗人发明或完善了《荷马史诗》中的方言，他们宣称，创作时不要使用日常用语，应该使用那些只有受过教育的诗人才会运用的更高级的语言。

恰当的艺术是再现完美的自然，而不是完美地再现自然。例如，古希腊的雕塑艺术发展得越成熟，就越能表现出自然、美丽的形象，如普拉克西特列斯的《赫尔墨斯》(Hermes)。优秀演员的最终成功，在于即使不是通过理想特征，也是通过人物的一般特征来再现人性。对于米南德(Menander)的戏剧，哲学家发出惊叹："哦，生活，哦，米南德，到底谁是抄袭者？"一个人如果认为艺术仅是记录庸俗的日常生活，那么便很容易陷入荒谬。依照人们的习惯，只要是关于文明的，就不会是纯自然的，而是会用技巧加以掩饰或改进。想象一下，如果你们穿着未经加工处理的衣服来到这里，将会是怎样一番景象？我相信，在法国大革命的高潮时期，巴黎曾有人尝试这么做。不过，古希腊时，人们拥有的衣服数量虽然不多，质量却并不亚于穿者的思想水平。

古希腊诗歌一直是在拥有固定传统的学派中发展起来的，在韵律和措辞上，它遵循严格的法则。如果有人想摆脱这些法则，以一种完全自由的方式创作，那么他的作品将永远无法在古希腊诗歌中占有一席之地。例如，古希腊不会出现沃尔特·惠特曼(Walt Whitman)这种类型的诗人，世人也永远不会在古希腊诗歌大师中找到像他这种类型的诗人。

当然，这并不影响新学派或新的表达方式的兴起。史诗没落时，新的诗歌类型便应运而生。当新的诗歌类型无法满足表达需要时，诗歌还会进一步发展。但任何一种发展都要以某种法则和传统为准绳。比如，忒奥克里托斯的作品中展现了纯希腊诗歌、田园风光及田园语言的最新盛况。长久以来，人们一直认为，忒奥克里托斯的作品不过是在替西西里岛高地上的原始牧羊人发声而已。但深入了解后，人们才知道忒奥克里托斯有多博学。忒奥克里托斯在闷热的亚历山大大学与托勒密二世矫揉造作的宫廷里写作。可能和现代美国人一样，他远离所谓的简单人性。忒奥克里托斯是一个杰出的文学艺术家。他认为，其他诗派的作品正在逐渐脱离现实生活。在公众的评价中，这些诗派的作品矫揉造作、陈腐不堪。但在与亚历山大拥挤的沙丘形成鲜明对比的风景中，这些作品仍保留着几分民歌的气息。忒奥克里托斯认为，经过精致的艺术加工，其他诗派的作品很可能会引起当时疲惫、颓废的社会的共鸣。亚历山大有许多学究。正如法国的大批评家鄙薄威廉·莎士比亚(William Shakespeare)悲剧中的平凡场景和平凡人物一样，亚历山大的学究鄙薄平凡、庸俗的生活。尽管如此，忒奥克里托斯的尝试还是成功了。他以优美的韵律、精雕细琢的措辞，完全人为地、艺术地再现了目不识丁的农民的悲欢离合，引发了当时希腊人及后来罗马人的效仿，并促使文艺复兴时期的诗人进行了类似的但不成功的尝试。忒奥克里托斯对英国诗歌产生了巨大影响，这种影响一直延续到丁尼生(Tennyson)时期。阅读丁尼生的作品，我们发现，比起其他古希腊诗人，忒奥克里托斯对他的影响要大得多。忒奥克里托斯成功的秘诀在于，当其他学派精疲力竭时，他又回到大众之中，并从中发现了一些粗野的、朴素的歌谣。这些歌谣从未被其他任何学派采集，也从未被应用在其他任何形式的艺术中。通过运用自己博学的知识，忒奥克里托斯对这些自然的、粗野的歌谣进行艺术加工，从而创作出精致的田园诗。

尽管古希腊戏剧诗比田园诗起源更早，但两者都有着相同的起源过程。悲剧和喜剧都源于民间粗野的歌谣和淳朴的乡下人粗俗的表演尝试。埃斯库罗斯的悲剧，甚至阿里斯托芬作品中完美的措辞和韵律，都与流行歌谣相去甚远。尽管如此，诸如埃斯库罗斯和阿里斯托芬的作品也都源于农民的粗鄙之作，并以惊人的速度发展、成熟。相对的，没有受过教育的农民的努力却完全无法得到文明社会的关注。

现代人根本不了解阿尔基罗库斯(Archilochus)、阿尔凯奥斯及萨福(Sappho)的抒情诗的起源。唉！现代人也不了解那些杰出学派的起源。公元前7世纪及以前的古希腊文学世界只给世人留下了一座孤耸的灯塔——《荷马史诗》。就如楠塔基特岛

(Nantucket)的灯塔船一样，《荷马史诗》告诉世人，我们离原始文学时代很遥远，但似乎也不远。

> 就像那艘高大的船，
>
> 在那沉闷而漫长的岁月里，
>
> 驶向海上某个荒凉的沙洲，
>
> 漆黑而漫长的黑夜里，
>
> 阵雨斜打在忧伤的波浪上！

寥寥数句便形象地告诉世人，诗人是彻底的甚至是善于精雕细琢的艺术家。如果诗人的精雕细琢真是源自民歌的魅力，那么可以说，这表现了诗人如同忒奥克里托斯身上所展现的一丝不苟，即从日常语言中提炼出他们的艺术作品。对卓越的古希腊人而言，形式和精神上的完美都是自然而然的。后人把古希腊式的形神兼备称为"古典"。"古典"几乎成了后世所有诗歌的典范，古典诗歌没有变幻莫测的韵律和措辞，没有夸张的感情。几乎每个时代的文明人、每位熟知古希腊诗歌原作的批评家，都在古希腊诗歌原作中发现了品位的典范。这种典范绝无仅有，后世作品中，很少有可与其媲美的。

当然，肯定也存在例外情况，但我不打算在这上面花太多工夫，因为例外实在罕见，用来消遣还可，用作严肃讨论就不值得了。最近，米利都的提摩太(Timotheus of Miletus)的《波斯人》

(Persians)被发现。在米利都的提摩太时代，《波斯人》的音乐表演广受欢迎，但《波斯人》是现代人所知的那个时代最糟糕的古希腊诗歌。我们只需把《波斯人》看成音乐表演的歌词就行，而它就像我们年轻时经常听到的意大利歌剧的歌词一样，文字内容毫不重要，通常还都很糟糕。作为一首以萨拉米斯战役为主题的诗歌，米利都的提摩太的《波斯人》十分荒谬，唯一值得学界评论的是其音乐。即便如此，韵律方面的权威如乌尔里希·冯·维拉莫维茨−默伦多夫(Wilamowitz-Moellendorff)也宣称，诗人创作时，在诗歌韵律方面还是要非常谨慎，要仔细推敲。最近，学界的另一个发现是，赫罗达斯(Herondas)的拟剧也是拙劣的诗歌。不过，就像索夫龙(Sophron)的拟剧一样，赫罗达斯的拟剧只能算是散文诗。我认为，赫罗达斯和索夫龙的拟剧本来就只是廉价舞台上作为戏剧表演或戏剧朗诵之用，很难称作诗歌。许多现在看来平淡空洞的古希腊早期的道德说教和众所周知的哲学知识，均以诗歌的形式来表达，这是事实！当时，散文这种写作形式还没有被普遍采纳。任何想要教导他人的人，如梭伦(Solon)、泰奥格尼斯(Theognis)及恩培多克勒(Empedocles)等，都必须用诗歌来表达自己的观点。

我再补充古希腊诗歌的一个特点：比起现代诗歌，古希腊诗歌具有更加明显的优势。当时，古希腊诗歌的受众是听众而非读者。古希腊诗歌与其他艺术形式，特别是音乐和舞蹈密切相关，因而成为许多大型公共节日的重要组成部分。诗歌是古希腊每次全国性盛会的核心。如果邀请现代桂冠诗人为盛大的公众活动创作诗歌，他可能会创作颂歌或挽歌，并将其献给无数读者，如丁尼生的《悼威灵顿公爵之死》(Ode on the death of the Duke of Wellington)。而处在类似场合的古希腊诗人则会把自己融入庄严的游行、舞会或优美的表演的氛围中，并借助特定音乐的烘托展开创作。这些环境因素使古希腊诗歌具备两个重要的特性，或者说，这些环境因素倾向于保证古希腊诗歌具备两个重要特性(因为我们不能把完美当作人类作用的普遍结果)：诗人着重表现庄严，规避低俗、琐碎的话题；诗人力求简洁，避免散漫。散漫是许多现代诗歌的一大缺点。威廉·华兹华斯(William Wordsworth)如果是古希腊人，那么肯定不能接受《远游》(Excursion)。再举一个更恰当的例子，在古希腊诗歌中，阿尔加侬·斯温伯恩(Algernon Swinburne)的《卡里顿的阿塔兰忒》(Atalanta in Calydon)中的合唱是不被允许完整表演的，因为合唱特别冗长。古希腊诗人把合唱时长压缩到一定范围内，以免表演者在合唱过程中喘不过气来，或者让听众头昏眼花。不过，《卡里顿的阿塔兰忒》确实充分展现了古希腊悲剧的精彩。

为当地特殊公众场合创作诗歌是古希腊诗歌使用方言的主要原因。一些著名作品认可方言作为文学语言的地位后，方言才成为民族文化财产。古希腊的史诗诗人，不管他是什么民族、处在什么年代，他们"人造"的荷马方言都成了通用语，并且一直持续到古希腊时代落幕。阿提卡悲剧的圣歌合唱部分使用了多利安语，阿提卡对话的插曲也使用了多利安语。幸运的是，古希腊诗歌根据语音书写，所以在人造或错误的正字法的外衣下，古希腊诗歌没有隐藏其地方语言。呈现在世人面前的古希腊诗歌使用了各种方言，除了诗人有意以粗俗为目的而创作的作品①，古希腊诗歌从未使用公众日常用语。

我觉得，我不应再做一般性的陈述，而应选用一些著名事例，向你们展示作为典范的古希腊诗歌是如何影响现代欧洲诗人的。

众所周知，古希腊人给世人留下了三部伟大的长篇史诗：战争史诗《伊利亚特》、航海史诗《奥德赛》、冒险史诗《阿尔戈英雄记》(Argonautica)。罗德岛的阿波罗尼奥斯(Apollonius of Rhodes)的《阿尔戈英雄记》是一部与爱情故事交织在一起的冒险史诗。古希腊许多早期史诗是模仿《伊利亚特》和《奥德赛》创作而成，但都已被搁置和遗忘。出现这种情况，很有可能是因为古希腊人把史诗的素材处理成了悲剧。如你们所知的，古希腊悲剧大多是神话题材，没有受到《伊利亚特》和《奥德赛》的影响。毫无疑问，《伊利亚特》和《奥德赛》一直是后人无法企及的典范。维吉尔当属第一个模仿古希腊史诗的非希腊人，也是模仿古希腊史诗之人中最成功的一个。通过不朽的史诗，维吉尔间接地，甚至是直接地动摇了诗人的世界。《伊

---

① 希波纳克斯(Hipponax)可能就是这样。——原注

利亚特》和《奥德赛》出自古希腊早期的天才之手，就如没有父母，也没有血统，全副武装地从宙斯的头颅中跳出来的雅典娜一样，世上再无可比肩的作品。

文艺复兴以来，现代欧洲最好的史诗当属约翰·弥尔顿 (John Milton)[1]的《失乐园》(Paradise Lost)。《失乐园》充分表明约翰·弥尔顿是一位杰出的诗人。不过，与《伊利亚特》和《奥德赛》相比，《失乐园》还是逊色很多。约翰·弥尔顿所处的时代，让他无法保持内心诗意的宁静，《失乐园》中因此出现了许多玷污了诗篇纯洁的离题的词句。不过我认为，这不是《失乐园》最大的缺点。《伊利亚特》中，诸神的活动仅是整个故事情节的序曲，或者说是无关紧要的情节，几乎不影响诗歌要表达的人性，而神学诗人的作品中，诸神的活动太过突出。《失乐园》中，诸神的活动占据了最重要的位置，相形之下，伊甸园中的情节只占很小的比例。《失乐园》凸显的不是人失去的天堂，而是天使失去的天堂。《失乐园》令人着迷的是诸神与泰坦(Titan)之间的冲突，而不是其他冲突或凡人英雄。还有一种观点认为，《伊利亚特》讲述诸神之战的内容的那一卷是整部作品中最少的一卷，即使删去此卷，对整部作品似乎也没有太大影响。相应地，《失乐园》中的神性完全压过了人

---

① 约翰·弥尔顿(1608—1674)，英国诗人、思想家。他以史诗《失乐园》和《论出版自由》而闻名。直到今天，他的"观点的自由市场"和"真理的自我修正"仍有很大影响。——译者注

性，神性成为《失乐园》的精髓。

《失乐园》还有一个特点，即过度使用比喻，以致到了冗余的程度。这个现象严重影响了人们对《失乐园》的鉴赏。在创作《失乐园》时，约翰·弥尔顿似乎把《阿尔戈英雄记》作为典范。《阿尔戈英雄记》现在已被人们遗忘，但在文艺复兴时期还非常流行。在《失乐园》中，评论家找到了许多线索，表明罗德岛的阿波罗尼奥斯对约翰·弥尔顿产生了直接影响。我深信，如果仔细研究，可能还会发现更多类似的线索，而更有趣的是，这反映出一个如今已被遗忘的古希腊诗人是如何对后世产生持久影响的现象。据我所知，罗德岛的阿波罗尼奥斯对现代诗歌的最大贡献，是约翰·沃尔夫冈·冯·歌德《浮士德》开篇的著名场景：厌世的哲学家决定喝一杯毒酒，但突然被复活节黎明时的复活圣歌唤醒。你们只需读一读如下场景：美狄亚(Medea)①被绝望所困。她整夜清醒，在一番痛苦的内心折磨后，她做出了同样的选择，即饮下一杯毒酒，以逃避命运。但随着黎明的到来及生命的觉醒，人的声音安抚了美狄亚不安的心灵，让美狄亚放下了恐惧。对美狄亚和古希腊诗人而言，

---

① 美狄亚，希腊神话人物。岛国科尔喀斯的公主，伊阿宋的妻子，神通广大的女巫。其父是科尔喀斯国王埃厄忒斯。美狄亚被爱神之箭射中，与率领阿尔戈英雄前来寻找金羊毛的伊阿宋一见钟情，帮助其盗取羊毛并杀害自己的亲弟弟。不料伊阿宋移情别恋，美狄亚由爱生恨，将亲生子杀害以泄愤，终酿悲剧。——译者注

如下观点也许更新奇、更美好：当人类生活的欢快声音唤醒黎明时，美狄亚的青春和健康、血液里流动的生命之酒把她从自杀的黑暗中唤醒。虽然对基督教而言，复活节颂歌很美，但它对《浮士德》的影响似乎并不像人们想象中那么大，所以它的影响在一定程度上不如普通诗歌。

开始研究古希腊史诗对英国史诗产生的影响时，我逐渐了解到古希腊诗歌对约翰·弥尔顿的影响。约翰·弥尔顿之前，大多数英国诗人是通过拉丁语译本或法语译本间接了解古希腊诗歌的。我确信本·琼生 (Ben Jonson)[1] 通晓希腊语，乔治·查普曼 (George Chapman)[2] 的出色翻译也让英语世界熟悉了荷马的《伊利亚特》，但人们很容易低估译作的间接影响，认为它毕竟不是希腊语原著，没有比这更具误导性的观点了。其实，诗人即使在不理解原著语言的情况下也能感受其优秀。总的说来，威廉·莎士比亚的戏剧没有受到古希腊风格的影响。不过，一读到托马斯·诺斯 (Thomas North)[3] 翻译的普鲁塔克 (Plutarch) 的《希腊罗马名人传》(Parallel Lives)，威廉·莎士比亚就觉得其中的题材

---

[1] 本·琼生 (1572—1637)，文艺复兴时期英格兰剧作家、抒情诗人、演员，以讽刺剧见长。代表作有《福尔篷尼》(Volpone)和《炼金术士》(The Alchemist)及抒情诗。——译者注

[2] 乔治·查普曼 (1559—1634)，英国剧作家、翻译家、诗人。他最著名的作品是翻译荷马的《伊利亚特》和《奥德赛》。——译者注

[3] 托马斯·诺斯 (1535—1604)，普鲁塔克作品最著名的英译者。有评论家称其为"英语散文的第一大师"。——译者注

适合创作成不朽的戏剧。在创作题材和处理手法上，威廉·莎士比亚都受到普鲁塔克的影响。你们阅读威廉·莎士比亚的作品时，可以明显感受到他对普鲁塔克深深的敬意与钦佩。在此，我仅举一个例子：在悲剧《安东尼与克丽奥佩特拉》(Antony and Cleopatra)中，威廉·莎士比亚详尽引用了普鲁塔克作品中的著名故事。我认为，普鲁塔克对法国大革命中暴徒的影响也不可忽视。19世纪以来的一个世纪里，欧洲人一直受到古典戏剧的熏陶，并学习古希腊戏剧创作的崇高原则和理想的人物形象。为了更清楚地表明我的观点，我举一个现代的例子。目前，还没有人认为约翰·济慈(John Keats)[①]的希腊调调源于拉丁语译本或法语译本。约翰·济慈对希腊语的了解程度似乎不足以支持他深入阅读希腊语原著。不过，在古典词典的帮助下，约翰·济慈还是汲取了希腊语原著的精髓。

然而，较早时期的诗人们通过间接方式获取的知识，比如威廉·莎士比亚零星引用乔治·盖斯科因（George Gascoigne）戏剧中的人物厄忒俄克勒斯（Eteocles）[②]的话，当遇到作品中不仅融入古

[①] 约翰·济慈(1795—1821)，出生于英国伦敦，杰出的英诗作家，也是浪漫派的主要成员。代表作有《圣艾格尼丝之夜》《夜莺颂》和《致秋天》等。——译者注

[②] 厄忒俄克勒斯，希腊神话人物，底比斯君主俄狄浦斯的长子。曾与弟弟波吕尼克斯因王位问题产生矛盾，受到父亲诅咒。后来，弟弟波吕尼克斯率领阿尔戈斯的军队攻打底比斯，厄忒俄克勒斯败亡，波吕尼克斯也丧命。——译者注

希腊史诗的元素，还融入古希腊戏剧元素的约翰·弥尔顿时，就小巫见大巫了。作为一位大师，约翰·弥尔顿完美的诗歌风格和韵律塑造了他那个时代及以后的英国诗歌。马修·阿诺德（Matthew Arnold）甚至说，约翰·弥尔顿这个独一无二的特点超越了他所有的后辈。在比较约翰·弥尔顿与维吉尔时，马修·阿诺德认为，约翰·弥尔顿拥有与维吉尔相似的特点，即作品中融入了古希腊元素。不过，在维吉尔的《埃涅阿斯纪》（Aeneid）中，我找不到足以证明维吉尔像约翰·弥尔顿那样熟悉古希腊悲剧的证据。所以我认为，《失乐园》开篇的情节并不是借鉴了荷马，而是埃斯库罗斯的《被缚的普罗米修斯》（Prometheus Vinctus）。普罗米修斯被宙斯以神力征服并锁在高加索山上，但这位泰坦仍表现出不屈不挠的精神。当然，诸神与泰坦之间的斗争经常在古希腊神话中出现，因此也常出现在古希腊诗歌中。约翰·弥尔顿一定常常读到诸神与泰坦斗争的故事，此外，约翰·弥尔顿时常在诗作中使用明喻和隐喻。

为什么要把纷繁芜杂的典故与学识渊博的约翰·弥尔顿笔下的传奇故事放到一起谈论呢？想想约翰·弥尔顿著名的《力士参孙》（Samson Agonistes）吧。约翰·弥尔顿刻意回归严格的古希腊风格，甚至在《力士参孙》的序言中，他还借埃斯库罗斯、索福克勒斯和欧里庇得斯之口，为戏剧诗[①]辩护，抗议清教徒的

---

① 戏剧诗，以诗歌形式创作的戏剧。——译者注

反对。约翰·弥尔顿说："任何人都无法与三位悲剧诗人——埃斯库罗斯、索福克勒斯和欧里庇得斯相比拟。这三位悲剧诗人是所有努力创作悲剧的人的典范。"你们会想，约翰·弥尔顿之前还有威廉·莎士比亚，而约翰·弥尔顿在其他地方提到威廉·莎士比亚时，可都带着钦佩之情呀！其实，在《力士参孙》序言中，约翰·弥尔顿已清楚阐释了他认为威廉·莎士比亚不如古希腊悲剧大师的原因，他说："由于诗人错误地把喜剧与悲剧，悲伤与严肃混为一谈，并且引入了琐碎、庸俗的人物，所以悲剧陷入了不受尊重甚至声名狼藉的地步。"对《哈姆雷特》(Hamlet)中的掘墓人、《麦克白》(Macbeth)中的醉鬼门房这两个角色的出现，伏尔泰(François-Marie Arouet)感到十分震惊。约翰·弥尔顿与伏尔泰的观点不谋而合，与约翰·弥尔顿同时代的法国著名剧作家让·拉新(Jean Racine)也持同样的观点。让·拉新严格按照古希腊原则进行创作。莎士比亚学派可以援引其效仿的古希腊戏剧大师的创作实践，轻易地为威廉·莎士比亚辩解。首先，几乎每一位古希腊悲剧诗人都在悲剧的结尾部分创作了一首欢乐的尾声(萨提尔合唱团将尾声叫作"萨提尔戏剧")，紧随悲剧正文之后。其次，即使大师埃斯库罗斯也不得不把"庸俗的、微不足道的人"带到舞台上，比如《阿伽门农》开篇的看守，还有集喜剧元素与悲剧元素于一体的保姆喀利萨(Kilissa)。埃斯库罗斯甚至通过喀利萨身上的对比效果增强了戏剧的阴郁色彩。由于欧里庇得斯刻意让舞台更接近日常生活，所以其悲剧作品当然不能不表现出类似的"庸俗"与"琐碎"。关于这一点，欧里庇得斯的学生都很清楚。

基于对古希腊悲剧本质的认识，约翰·弥尔顿笔下的《力士参孙》不仅构建在阿提卡戏剧的基础上，而且每一个场景都充满了回忆与典故。可见，约翰·弥尔顿特别熟悉埃斯库罗斯三部曲。《力士参孙》的开篇描述了眼盲且饱经世故的主人公正在寻找安歇之处。这源自索福克勒斯《俄狄浦斯王》第二篇的开头部分。《力士参孙》中合唱的开头部分，先是表达了对悲哀景象的惊讶之情，而接下来的内容，与埃斯库罗斯的《普罗米修斯》中的海洋女神部分的内容相似。《力士参孙》借鉴《俄狄浦斯王》和《普罗米修斯》的内容最多。此外，欧里庇得斯无疑是约翰·弥尔顿真正的导师。《力士参孙》中出现的雅典人喜爱的诉讼(如果我可以这样说)、傲慢的巨人及奸诈的大利拉(Dalil)[1]都是欧里庇得斯成就《力士参孙》的最佳呈现内容。《力士参孙》的尾声同样如此，比如一个信使突然出现并讲述灾难。

约翰·弥尔顿对古希腊悲剧精神和形式的透彻理解表现得最明显的，莫过于《力士参孙》中的合唱及独唱颂歌。其中独唱颂歌也是《力士参孙》这部剧最具特色的地方。约翰·弥尔顿表示，自己并没有完全拘泥于古希腊戏剧的诗节与反诗节

---

① 大利拉提出的观点被参孙反驳，因此在剧中占据很大篇幅。——原注

的形式，因为古希腊戏剧的音乐伴奏和歌唱表演与他的创作目的不符。约翰·弥尔顿也更不会把自己束缚在押韵上。押韵是古希腊诗歌不为人知或者说特别罕见的桎梏。约翰·弥尔顿既书写了参孙的诗意抱怨，也创作了赞美诗，而这不符合一般人的品位。《力士参孙》中的赞美诗是不规则节奏的间奏曲，几乎没有韵律可言。但从严格意义上说，赞美诗仍然是崇高的诗歌。埃杰顿·布里奇斯(Egerton Brydges)阅读由威廉·特纳的画作精心装饰的《力士参孙》时，在第一首合唱结束处表示："虽然这首合唱出现了许多精彩的段落，但我听不出节奏，也不明白其中的表达方式。这太像散文了。"有趣的是，西塞罗(Cicero)曾对品达罗斯的作品说过几乎相同的话。在古罗马人听来，品达罗斯作品中复杂的韵律就像散文。对熟悉古希腊合唱的人而言，从来没有哪首英语曲子能完美再现古希腊合唱的效果。实际上，约翰·弥尔顿的诗歌既反映了一般诗性，又直接表达了戏剧情节，正如古希腊悲剧中合唱的角色一样。我只能说，在诗意美方面，约翰·弥尔顿的作品存在缺陷。而在索福克勒斯和欧里庇得斯的作品中，许多合唱都具有诗意美，可以作为单独的诗歌进行朗诵。也许，约翰·弥尔顿认为自己的作品主题太宏大、太阴郁，在诗意方面下太多功夫是不合适的。如果约翰·弥尔顿要向读者展现诗意美，还有什么能超越他的《酒神之假面舞会》(the masque Comus)呢？在那不朽的假面舞会的结尾，我觉得没有什么比那优美、博学的抒情诗更具古希腊特色了。

　　讨论了英国古典诗歌之父约翰·弥尔顿，接下来，我谈谈并未受到古希腊显著影响的诗歌表现形式。18世纪初，文坛最杰出的作品当属英国诗人亚历山大·蒲柏(Alexander Pope)[①]翻译的《伊利亚特》。当时，这部作品风靡整个英伦。而在亚历山大·蒲柏之前，乔治·查普曼已把《伊利亚特》译成英文，质量也值得称道。比起后来者翻译的《伊利亚特》，学界还是认为乔治·查普曼的译本最好。在亚历山大·蒲柏的时代，人们最看重诗歌的风格。英语版的《伊利亚特》必须呈现出英国诗歌的风格，以供读者细细品味。所以在亚历山大·蒲柏的译本中，荷马穿上了18世纪的服装，就像威斯敏斯特那些扮演泰伦提乌斯(Terence)[②]剧中角色的男孩那样，头戴假发，脸上扑粉，衣服上打补丁。[③]亚历山大·蒲柏的译作，可被指摘的地方很多。亚历山大·蒲柏在译作中表达的态度就像让-安托万·华托(Jean-Antoine Watteau)在风景画中表达的态度一样。在他的译作中，修饰

---

① 　亚历山大·蒲柏(1688—1744)，18世纪英国最杰出的诗人，启蒙运动时期古典主义的代表。他没有上过学，而是在家中自学了拉丁语、希腊语、法语和意大利语的大量作品。其作品可分为四类，分别是田园诗、讽刺诗、哲理诗及翻译作品。——译者注

② 　泰伦提乌斯，生活于罗马共和国时期的喜剧作家，有《婆母》《两兄弟》《安德罗斯女子》等多部诗剧传世。他的作品的语言表达清晰有趣，所以在中世纪和文艺复兴时期，常被修道院用以学习拉丁语。——译者注

③ 　自16世纪起，戴假发、脸上扑粉开始在英格兰、法兰西等欧洲贵族中流行，甚至成了贵族的象征。——译者注

词大多用错了。我们可以用一个比喻作结，即"头脑清醒的小伙子祝福有益的光"，而在亚历山大·蒲柏的译作中，荷马笔下的小伙子头脑既不清醒，也没有祝福有益的光。[①]

从雅克·卡雷(Jacques Carrey)珍贵(因为雅克·卡雷的帕特农神殿画作是在灾难[②]发生前几年完成的)的帕特农神殿画作中，人们可以看到，在不引入17世纪法兰西人的风格的情况下，他甚至无法模仿菲迪亚斯的作品。诗人翻译他人作品时，会将原作塑造成诗人想要的样子。作为译者诗人，这种做法属于对原作者的不忠；但作为诗人，其做法可能非常有价值。自从我通过亚历山大·蒲柏接触荷马的作品起，我一直觉得，虽然由于时代原因，亚历山大·蒲柏的译作存在种种错误，却是古希腊大师作品的最优秀的译本，也适合无法接触到原作的读者阅读。虽然散文化的翻译无论多么具有学术性、多么准确，都无法让读者深入了解《伊利亚特》，但通过亚历山大·蒲柏的翻译，荷马的作品对欧洲产生了广泛、持久的影响。而且，亚历山大·蒲柏的译作本身存在的缺陷，促使后人一再尝试，以再现伟大的《伊利亚特》。当然，约翰·德莱顿(John Dryden)翻译的维吉尔也将公众的

---

① 这句话出自朱利叶斯·黑尔(Julius Hare)几乎被人遗忘的一本好书《猜测真理》(*Guesses at Truth*)。——原注

② 指帕特农神殿被毁。1687年，威尼斯人和土耳其人作战，帕特农神殿中至少五分之一的雕塑被炸毁。雅克·卡雷的作品成为大部分缺失雕塑的唯一记录。——译者注

品位引向了同样的方向。因此，我们这一时代的品位虽然与古希腊极不相同，与古希腊的古典模式极不协调，但还是被古希腊支配。我们受古希腊支配的程度甚至比人们想象的还要大。

抒情诗也不例外。18世纪的诗人已拥有了贺拉斯翻译的阿尔凯奥斯和萨福的作品，也拥有品达罗斯的作品。正如贺拉斯所说，在所有大师中，品达罗斯最伟大。品达罗斯的作品，连贺拉斯理解起来都有困难，18世纪的诗人难以理解似乎也是合情合理。同样，品达罗斯深思熟虑、博学的天赋不为人理解。品达罗斯是一个超越严格艺术界限的诗人。他迷于沉思，不受韵律的束缚，时常迸发出灿烂的思想火花。18世纪的诗人们努力模仿品达罗斯作品表面的浮躁及所谓的不规则韵律，创作了许多好诗。这些作品的创作，的确受到古希腊人的启发，不过与古希腊模式完全不同。其中，最优秀的诗人无非是比其他人更了解原作，并且不遗余力地以学术态度来把握原作的人。托马斯·格雷(Thomas Gray)是一位真正具有古希腊气质的诗人。他博学、挑剔，对诗歌形式要求非常严格。托马斯·格雷的诗歌形式丰富多样。在我看来，无论是在风格的纯洁性方面，还是措辞的华丽方面，托马斯·格雷的作品都可与西莫尼德斯(Simonides of Ceos)或巴库利德斯(Bacchylides)的作品相媲美。

美国评论家威廉·莱昂·费尔普斯(William Lyon Phelps)异常清晰地展示了托马斯·格雷以古典主义训练为开端，以伪古典主义的约翰·德莱顿为榜样的过程。尽管如此，托马斯·格雷在中年时期还是受到当时席卷英国的浪漫主义思潮的影响，并偏爱凯尔特题材和民族题材，而不是传统的古希腊和拉丁题材。不过，创作题材的变化并没有改变或破坏托马斯·格雷在仔细研究古希腊诗人后，所获得的优美的形式、纯正的措辞和细腻的品位。迄今为止，还没有哪一位英国诗人能领会品达罗斯作品的真正精髓，甚至连约翰·弥尔顿也不例外。像亚伯拉罕·考利(Abraham Cowley)和威廉·申斯通(William Shenstone)这类不那么重要的作家所作的品达罗斯体颂歌，并没有作为通俗诗歌流传下来，而约翰·德莱顿的《圣西西莉亚节颂》(*Song of St. Cecilia's Day*)及托马斯·格雷的一系列诗歌，则清楚表明了古希腊诗歌对现代诗人的影响。

事实上，相比于强调直接借用古希腊诗歌的形式和措辞，研究古希腊诗歌的间接影响更重要、更有趣。这种冲突或对比，可以在乔治·戈登·拜伦(George Gordon Byron)的诗歌中得到印证。乔治·戈登·拜伦虽然是浪漫主义流派的领军人物，但一生都热爱并尊崇古希腊人的古典式完美。然而，乔治·戈登·拜伦的诗作中经常出现的一些诗歌片段[1]显示，他对古希腊诗歌的认识还非常浅薄。19世纪初，希腊的政治环境、民众反抗土耳其暴政的斗争，为整个欧洲高等学府培养起来的古典品味带来了浪漫主义

---

[1] "他的痛苦如此强烈，但感觉更强烈，他抱住推动钢铁的小齿轮。"摘自埃斯库罗斯的原话。——原注

的前景。因此，在反对虚假的法国古典主义（法国古典主义前辈的拟古之风）中成长起来的浪漫主义者，把对古希腊艺术、政治和文学的崇拜当成维护浪漫主义的合理理由。乔治·戈登·拜伦是第一个在研究古典诗歌时重视古希腊现实的诗人。18世纪的诗人，甚至连早期的古希腊历史学家，都没有对古希腊文学的真正发源地，孕育出古希腊天才的真正摇篮表现出丝毫兴趣。

终于，诗人们知道可以从希腊的山川和峡湾中汲取灵感。过了很久，乔治·格罗特（George Grote）和康诺普·瑟尔沃尔（Connop Thirlwall）也创作出了不朽的历史作品。不过，乔治·格罗特和康诺普·瑟尔沃尔丝毫没有想过亲自前往希腊，从希腊这片土地上获得一些鲜活的气息。虽然乔治·格罗特和康诺普·瑟尔沃尔既有途径也有时间去旅行，但除了图书馆的书籍，两人没有寻求其他途径。然而，乔治·戈登·拜伦至少把古希腊的现实主义带入英国现代诗歌中，使直接研究希腊语及古希腊逐渐成为诗人和艺术家的愿望。我已谈过，约翰·济慈没有直接研究希腊语和古希腊的机会。而珀西·比希·雪莱将浪漫的想象与深厚的古希腊文化完美地结合在一起，成了照亮19世纪早期英国诗歌界最优秀、最持久的一颗星。最不懂希腊语的当属威廉·华兹华斯。我敢说，威廉·华兹华斯如果学过古希腊诗歌，就会明白古希腊诗歌区别于散文的本质特征：崇高的风格、精选的措辞，最重要的是，严格的界限和适度的限制。古希腊诗歌必定能让威廉·华兹华斯及读者免于《远游》

的枯燥、乏味。你们不要以为我低估了威廉·华兹华斯诗歌的价值。威廉·华兹华斯最辉煌的时刻，是古希腊的光辉照亮了他的文学之路，是庄严的柏拉图精神教诲、启迪了他冷静的思绪，使他在文学史上取得了不朽的成就。

19世纪下半叶，像爱德华·史密斯–斯坦利(Edward Smith-Stanley)和安娜·斯旺尼克(Anna Swanwick)这样的诗人及那些已向英语世界表明了自己影响力的诗人，强烈希望重现古希腊杰作。罗伯特·勃朗宁(Robert Browning)创作了几部古希腊题材的剧本：《阿伽门农》《疯狂的拉克勒斯》《阿尔克提斯》。罗伯特·勃朗宁强调的，是欧里庇得斯作品中人物的心态和人物的塑造，而非作品中的抒情部分。因此，罗伯特·勃朗宁的作品中并没有出现抒情部分的韵律。不过，当我请罗伯特·勃朗宁把欧里庇得斯的一首颂歌改编成接近原作的形式时，他轻而易举地完成了。星期一，我在都柏林写信并寄往伦敦，星期三晚上，我就收到了罗伯特·勃朗宁寄回的作品。我把罗伯特·勃朗宁的原稿给了一位珍视它的美国朋友，原稿内容则收录在我几年前出版的关于欧里庇得斯的专著中。

阿尔加侬·斯温伯恩和马修·阿诺德没有翻译过古希腊戏剧作品，他们只是在按照古希腊戏剧模式创作戏剧。对一个不懂希腊语的聪明读者而言，我知道的最好的办法，莫过于阅读阿尔加侬·斯温伯恩的《卡里顿的阿塔兰忒》或《厄瑞克透斯》(Erechtheus)。读者如果愿意，也可以阅读马修·阿诺德的

《墨罗佩》(*Merope*)。《墨罗佩》不像其他诗那么出色，却忠实地反映了古希腊思想。阿尔加侬·斯温伯恩的作品中，热情洋溢的合唱及反对天神旨意的恣情激昂也许恰好表明了其作品的绝妙，却与古希腊文学特有的措辞格格不入。如果说还有例外，那就是埃斯库罗斯作品的宏大，没有哪一部戏剧能像《阿伽门农》那样能被频频译成英语版本。[①]

反观古希腊戏剧及现代诗人笔下的抒情诗歌、田园诗和爱情故事，学究们一直以来都认为：古希腊人缺乏对自然的爱与感知，而对自然的爱与感知是浪漫主义流派特有的表现。其实，我看不出古典主义和浪漫主义之间有何区别。托马斯·格雷是现代抒情诗人中最古典的一位。托马斯·格雷第一个坚持认为，诗人有必要用山景的野性之美来净化心灵。了解萨福的人会发现，萨福也具有浪漫主义特质。学界认为，萨福在诗中赞叹她的女性朋友宛如萨迪斯(Sardis)夏夜群星中闪耀的月亮。在诗中，萨福犹如真正的自然派诗人那样，描绘了萨迪斯夏夜的光芒。忒奥克里托斯和阿波罗尼奥斯(Apollonius)的作品中，有充分的证据表明人们对自然的景致和声音感到愉悦。而现代抒情诗人中最古典的丁尼生

---

① 关于埃斯库罗斯的七部戏剧，我不知道有什么译本值得推荐。不过，《阿伽门农》确实存在许多值得称道的译本。此外，我想请你们注意罗伯特·怀特洛(Robert Whitelaw)翻译的索福克勒斯的作品及阿瑟·韦(Arthur Way)翻译的欧里庇得斯的作品。罗伯特·怀特洛和阿瑟·韦都是杰出的学者和诗人。——原注

受忒奥克里托斯影响颇深。丁尼生不仅从忒奥克里托斯的原作中撷取意象，更从忒奥克里托斯的语气中汲取灵感。

例如：

> 疲劳的双睑伴着疲劳的双眼，
> 让音乐漫上心坎，温柔无限；[①]

又如：

> 古老的榆树上鸽子咕咕叫着，
> 数不清的蜜蜂嘤嘤低语。[②]

上述诗句，即便不是丁尼生从忒奥克里托斯的作品中直接翻译过来的，也肯定是受忒奥克里托斯的启发而作。如下诗句是丁尼生借用古希腊作品的更明显的例子。诗中，丁尼生把一个强壮男子的肌肉比作一块流水都无法侵蚀的石头：

> 他那显眼的喉结，
> 宽阔的胸膛，

---

① 丁尼生：《合唱》(*Choric Song*)。——译者注
② 丁尼生：《来吧，美人》(*Come down, O Maid*)。——译者注

> 两条臂膀上隆起的肌肉
>
> 就像一条湍急的小溪在小石头上倾泻而过，
>
> 石头却不曾碎裂。[①]

　　从丁尼生的作品中，我不仅发现他展现了人们熟悉的家庭生活，还能感受到与古希腊作品相呼应的华丽风格。我也可以想象欧里庇得斯会如何陶醉于丁尼生的诗作中：

> 他那植根于耻辱的荣誉屹立不倒，
>
> 不忠的信心使其保持虚伪。[②]

　　古希腊最杰出的喜剧大师阿里斯托芬有着强烈的雅典气质。在颓废的古希腊，阿里斯托芬广受赞誉和欢迎。在普劳图斯(Plautus)和泰伦提乌斯的尊崇下，阿里斯托芬的继任者米南德成了"欧洲文雅喜剧之父"。我个人认为，在整个古希腊戏剧作品中，阿里斯托芬作品的地位不是很高，但阿里斯托芬的影响不容置疑。[③]

---

① 丁尼生：《国王的叙事诗》(*Idylls of the King*)。——译者注

② 丁尼生：《国王的叙事诗》。——译者注

③ 无须多说，阿里斯托芬的精彩喜剧在约翰·胡卡姆·弗里尔(John Hookham Frere)和本杰明·比克利·罗杰斯(Benjamin Bickley Rogers)的著作中都能找到。——原注

　　古希腊人喜欢把一切都进行提炼，从而得出理论。如果有人质疑，古希腊诗歌在多大程度上被提炼为理论，那么我有必要说出自己的观点。古希腊人擅长提炼理论这一点，集中体现在亚里士多德的作品中。在其众多诗集中，亚里士多德写过或者是让人写过一篇叫《诗学》(Poetic)的文章。据悉，《诗学》主要分析悲剧诗歌的意义。无疑，《诗学》中有一些非常重要的内容，特别是关于悲剧的著名定义成了后人创作的依据。总体而言，就我所知，与阐述宏大话题有关的作品，没有比《诗学》更贫乏、更空洞的，以致我不得不怀疑《诗学》是亚里士多德托付给学生完成的众多边缘研究中的一个。我尤其不同意以下评论，认为它配不上亚里士多德，即在《奥利斯的依菲琴尼亚》(Iphigenia in Aulis)中，通过一群了不起的女英雄，欧里庇得斯向人们展示了一种独特的人物类型。为了公共利益，女英雄在面临死亡威胁时，她们要么自愿接受死亡，要么在王子的胁迫下死去。年轻的依菲琴尼亚得知自己的命运后，泪水夺眶而出，她无法接受如此残酷的命运安排。但不久之后，依菲琴尼亚发现自己的命运早已注定，无可改变，于是放弃了反抗。这大大增强了悲剧的"怜悯和恐惧"。

　　《诗学》的作者亚里士多德表示，《奥利斯的依菲琴尼亚》的人物刻画不够连贯，因此存在缺陷。这是一个多么卑劣的评判！能够与这一评判相提并论的，只有一项毫无价值的学究的研究。在其学术著作中，这个学究表示，欧里庇得斯笔下的美狄亚无暇为她的孩子流泪，因为美狄亚是一个冷酷无情的角色，还打算杀害她的孩子们。亚里士多德指出，诗歌和散文本质上是不同的。亚里士多德还提出，希罗多德的作品即使以韵律诗的形式呈现，也会成为历史。不过，亚里士多德的这种论断忽视了一个问题，即诗歌与散文的深层区别并不在于韵律形式。在希罗多德的作品中，许多段落尽管形式上是散文，但本质上还是诗歌。下一章会谈到这个问题。

我相信，当我说没有时间继续充分谈论《诗学》时，上述讨论会让你们感到些许慰藉。完成壮举的人并不总是有机会解释他们是如何做到的。古希腊人中甚至也流行这样一种理论：诗人饱受所谓"灵感"的折磨，并且不明白缪斯(Muse)通过诗人表达的话语的全部力量。我已说过，诗人的灵感并非全无精心准备，也不是毫无设计的韵律。最近，从米利都的提摩太的《波斯人》中，人们认识到，完美的韵律也可以用来表达最荒唐可笑的自负。

让我们怀着感恩的心，接受时间留给我们的一切，不要让毫无价值的理论打扰我们，或破坏我们的快乐。从古希腊典籍中，你们可以发现精彩的诗篇。它们将带你们进入更崇高的世界。而只有那些放下物质世界的人，才能进入更崇高的世界。在更崇高的世界里，你们必会内心富足，你们将见证那些已拥有理想(我们对美的所有热爱都以此理想为目标)的人留给你们的遗产。让我对那些无法从源头"痛饮"古希腊诗歌的人再说一遍：请阅读英国诗人为你们准备的作品吧，切忌从现代学者的散文中找寻古希腊精神。阅读查尔斯·斯图尔特·卡尔弗利(Charles Stuart Calverley)翻译的忒奥克里托斯、罗伯特·勃朗宁翻译的欧里庇得斯、罗伯特·怀特洛翻译的索福克勒斯、约翰·胡卡姆·弗里尔翻译的阿里斯托芬的作品。这样一来，即使没有到达真正的圣殿，也会像古代的改宗者(proselyte)一样到达无与伦比的圣殿外院。

第三章 | *CHAPTER III*

·古希腊散文

GREEK PROSE

普通批评家一定觉得，古希腊散文这样宏大的主题并不足以吸引读者。其实，无论古希腊散文还是古希腊诗歌，都是欧洲文明的导师。作为欧洲文明的导师，古希腊散文即使不如古希腊诗歌的表现那么突出，也肯定会吸引你们的注意力。几乎人人都知道古希腊诗人，并对其中很多人耳熟能详，不过，对于古希腊散文的起源、发展，我们的研究就不够全面了，从而导致对古希腊散文的深远影响，人们的认识也就不够全面。如今，对古希腊散文的早期历史，人们逐渐有了更多的了解。早期的古希腊散文堪称完美，令人惊艳。就像荷马史诗一样，古希腊散文似乎是全副武装地从宙斯的头颅中跃出的。通过古希腊散文，人们仍然能发现一些早期古人努力的痕迹。比起对荷马时代之前发生的事情的了解，人们对希罗多德时代之前发生的事情了解得更多，这主要是因为古希腊散文的起源较晚。起初，诗歌是古人记录所有感兴趣话题的通用形式，甚至连家谱也用六步格诗①进行记录。古希腊七贤(Seven Sages)②的智慧均以

---

① 六步格诗，源于古希腊语和拉丁语诗歌的一种韵律，是史诗等各种体裁中使用的韵律。它不是以音阶强弱而是以音阶长短来区分音律。——译者注

② 古希腊七贤，即古希腊最有智慧的七个人，一般指雅典的梭伦、斯巴达的契罗(Chilon of Sparta)、米利都的泰勒斯、普里耶涅的毕阿斯(Bias of Priene)、林度斯的克莱俄布卢(Cleobulus of Lindos)、米蒂利尼的庇塔库斯(Pittacus of Mitylene)和科林斯的佩里安德(Periander of Corinth)。不过，除梭伦和泰勒斯，余者事迹已不可考，只有一些据说源自他们的名言。——译者注

韵律形式的作品呈现出来。古希腊七贤中，最优秀的梭伦甚至以挽歌般的韵律讲述自己的政治观点，写作自传。从威廉·尤尔特·格拉德斯通和富兰克林·D.罗斯福(Franklin D. Roosevelt)用诗歌向参议院和人民表达观点的时代开始，人类似乎已经走了很长一段历史。梭伦是一位立法者，也许和威廉·尤尔特·格拉德斯通、富兰克林·D.罗斯福一样伟大。梭伦是一个非常现代的人，在精、气、神方面，比威廉·尤尔特·格拉德斯通更现代。我不确定富兰克林·D.罗斯福是否喜欢用诗文向参议院表达观点。我更不能断言，德皇不愿意以英雄诗篇作为训诫臣民的恰当工具。

我讲述上述内容，是为了让你们认识到，古希腊历史晚期，伟人及其听众仍仍满足于韵律的束缚，严肃的教学仍以比散文更持久、更受欢迎的诗歌作为内容。当然，在没有文字记录的社会初期，人们习惯于以诗歌的形式记录传说和故事。诗歌有助于记忆，易于传授给孩子们，因为早在注意到诗歌的意义之前，孩子们就已记住了诗歌的发音。在此，我就不提散文形式的碑铭了，因为在历史早期，散文形式的碑铭并不是为艺术而设计的。它就像书信一样，只是传达信息的载体。

在伊奥尼亚(Ionia)这个富裕的地方，哲学家赫拉克利特(Heraclitus)尝试用一种不受韵律束缚的艺术形式来表达思想。接下来，我会谈到赫拉克利特杰出而富有内涵的理论。现在，我讲述的重点是，赫拉克利特的格言晦涩难懂，而他意在通过其形式和内容来打动读者。

锡罗斯的菲勒塞德斯(Pherecydes of Syros)[1]是赫拉克利特的前辈。伊奥尼亚被波斯人征服，特别是米利都陷落后，早期生动的思考和写作似乎终结了。直到出现"医学之父"希波克拉底的希腊学派的科学载体，生动的思考和写作才重现于世。

在古希腊世界的另一端，即在多利安人而非伊奥尼亚人居住的遥远西部，古希腊散文有了新的发展。历次政治变革都没有破坏古希腊散文的发展，这种发展趋势一直持续到整个希腊落入古罗马统治为止。锡拉库萨(Syracuse)出现的一篇文章是古希腊散文的初试啼声。该文教导公民在法庭上如何进行申诉。当时，城邦变革常常伴随着财产没收、人员流放，由此导致的财产纠纷如同受到命运的随意拨弄，逆转、变化之势可谓翻天覆地。于是，对每一个原告、被告而言，在陪审团前通过举证为自己辩护就变得至关重要。这一学派虽然起源于多利安，但后来传到了阿提卡，并在那里培养了大量著名的辩士。从安提丰(Antiphon)[2]到德摩斯梯尼，辩士们都十分注重自己的辩才，而律

---

[1] 锡罗斯的菲勒塞德斯(前600—前550)，古希腊思想家，来自锡罗斯岛，提出了三个永生的原始神明的概念，即柯罗诺斯(时间)、宙斯以及克托尼亚(大地)。——译者注

[2] 安提丰(前480—前411)，数学家、哲学家，古希腊早期十大演说家之一。他是柏拉图的同母兄弟。关于其生平，史书上记载很少，争议很大。有研究者认为，拥有安提丰之名者并非一人，智者安提丰并不是演说家安提丰。——译者注

师们的口才渐臻完美。

与上述学派形成鲜明对比的是智者学派。智者学派重视口才的展示。在智者学派中，高尔吉亚(Gorgias)[1]被认为是最早的大师。智者学派追求优雅的措辞和华丽的表达，常常选择可鄙的甚至令人厌恶的主题，以表明即使是微不足道的主题，也能通过艺术得到美化，就像小大卫·特尼耶(David Teniers the Younger)[2]笔下的酒馆和醉酒的乡巴佬也能在用于装饰豪宅的珍宝中占据一席之地一样。

措辞方面，上述两个大不相同的学派也有共同点。包括：两大学派最关注的都不是主题，它们将最大的兴趣点放在措辞的处理方式上，并将此形成理论体系；两大学派都不重视听者的意图，说话者一方面是为了当下立即说服对方，另一方面则是为了立即赢得对方的赞赏；两个学派的文章同样构思巧妙，而且文字完全口语化。古希腊散文刚刚兴起时，虽然没有读者，也没人收藏，更没人会在家研读，但公众非常喜欢演说，也愿意聆听精彩的演说。

---

[1]　高尔吉亚(约前487—前376)，古希腊智者学派的学者，前苏格拉底时期哲学家、修辞学家，西西里伦蒂尼(Leontinoi)人。他和普罗泰戈拉均属第一代诡辩家。——译者注

[2]　小大卫·特尼耶(1610—1690)，比利时佛兰德巴洛克画家、版画家、制图员、微型画家和艺术策展人。他在历史绘画、体裁绘画、山水画、肖像和静物画等诸多领域均有创新，以创作农民风格、小酒馆场景、炼金术士和医生的场景而闻名。——译者注

　　古希腊人兴趣多样，爱好广泛，生活丰富多彩。因此，古希腊散文的题材便显得尤为重要，甚至在很长一段时间里，散文风格都受到质疑，因为其风格使演说者或写作者的陈述显得不那么真实。通常，古希腊散文的题材分为两类：一类是公众对过去发生的事件的叙述，另一类是公众对城邦的未来、公民待遇或与邻邦打交道方面的司法和政策问题的严肃思考。古希腊早期的领袖，如阿里斯提德(Aristides)[①]、地米斯托克利(Themistocles)[②]、伯里克利(Pericles)[③]一定都认真研究过说服的艺术，但像德摩斯梯尼那样专业的演说家并没有被委以公共事务的重任。可见，演说家并不等于政治家。古希腊人倾向于把一切都交给法律和经过专业训练的人，倾向于把一切人类的工作都变成一门艺术。古希腊人的这种倾向特别强烈，以至任何形式的散文写作都要进行专门训练。对散文的修辞形式，古希腊人同样要求严格。乍一看，这种严格似乎到了矫揉造作的程

---

① 　阿里斯提德(前530—前468)，雅典政治家、将军，曾参加马拉松战役(前490)和萨拉米斯战胜波斯的大捷(前480)。作为雅典指挥官，他建立了以"提洛同盟"著称的伊奥尼亚城邦联盟。希罗多德称他为"雅典最优秀、最值得尊敬的人"。——译者注

② 　地米斯托克利(约前524—前459)，雅典政治家、军事家。他坚持民粹主义，与雅典贵族格格不入，但得到底层人士的支持。曾参加马拉松战役(前490)。萨拉米斯战役后，个人声望与权力达到巅峰。但最终雅典人通过陶片放逐法，将他流放，以防他成为军事独裁者。——译者注

③ 　伯里克利(约前495—前429)，雅典黄金时期的政治家、演说家、军队将领。他学识渊博、能言善辩。这在很大程度上要归功于他的老师阿那克萨戈拉的谆谆教诲。——译者注

度。然而，随着研究的深入，人们会逐渐意识到，价值最高的艺术作品并非妙手偶得的即兴之作，而是深思熟虑后的成果。

　　研究发现，就在古希腊人努力提升口才时，古希腊早期的编年史学家已经在运用粗犷的韵律形式或散文形式记录过去的事件，从而为古希腊散文的大发展奠定了坚实的基础。历史不仅是对过去事件的记录，也是一种艺术产物。历史和戏剧诗或湿壁画①是一样的。②只有通过残存的散碎文字，世人才得以了解古希腊人的早期尝试。现在，学界还无法明确，米利都的赫卡塔埃乌斯(Hecataeus)③和赞瑟斯(Xanthus of Lydia)④是否算得上艺术意义上的历史学家。不过可以明确的是，希罗多德不仅为古代世界，而且为现代世界提供了一种史无前例的历史艺术的典范。当然，仅有这一种模式似乎还不够，修昔底德(Thucydides)又提供了另一种模式：不强调艺术叙事的魅力，而强调严格分析确实可信的史料。两种模式中，修昔底德的模式更引人瞩目。因为在写作对象上，修昔底德没有像希罗多德那样选择宏大主题，而是写了漫长、枯

---

① 　湿壁画，一种在新铺灰泥上绘制壁画的技术。水作为颜料和灰泥融合的媒介，随着灰泥的凝固，壁画成了墙面不可分割的一部分。——译者注

② 　我之所以说湿壁画，是因为湿壁画中通常有历史场景。——原注

③ 　米利都的赫卡塔埃乌斯(约前550—约前476)，古希腊历史学家、地理学家，最早的为伊奥尼亚史编史的人物之一，采用散文叙事。著有《大地环游记》《谱系志》等，今仅存片段。——译者注

④ 　赞瑟斯，吕底亚本土历史学家、语言学家，曾用希腊语写下四卷本的《吕底亚志》(Lydiaca)，今仅存残篇。——译者注

燥的内战。修昔底德笔下的内战，不存在巨大利益受到威胁的情形。修昔底德的表达具有精湛的艺术性和高度的严肃性，如今，他写的几百人参与的小冲突已成为家喻户晓、茶余饭后的故事，而其他作家洋洋洒洒写下的关于宏大主题的作品则已成陈迹。比起同样发生在伊奥尼亚海海域的亚克兴海战(Actium)①或勒班陀战役(Lepanto)②，雅典的弗尔米奥(Phormio)③及其训练有素的战船与一支强大军队的对抗只是小小的行动，但却催生了更加宏大的文学作品。而一切，只因没有一个修昔底德去写亚克兴海战或者勒班陀战役这段宏大的历史。

读者会发现，在《诗学》中，用来说明戏剧诗比历史更具哲学意义的例证是如此蹩脚，但其他例证无能出其右者。亚里士多德表示，戏剧诗描绘了人类的一般特征，因为人类的一般特征通常自然发展，而历史没有目标，只能记述发生过的事实，如阿尔西比亚德斯(Alcibiades)做了什么或遭受了什么。我之

---

① 亚克兴海战，通常指阿克提姆海战，公元前31年9月2日，发生在罗马共和国的马克·安东尼和托勒密王朝的法老克莱奥帕特拉七世的联军与屋大维之间的决定性战役。屋大维最终获胜，这使他后来成为罗马帝国的统治者。——译者注

② 勒班陀战役，1571年10月7日发生在希腊伊奥尼亚海的一场海战，一方是以西班牙帝国、威尼斯共和国为主力的神圣同盟舰队，一方是奥斯曼帝国海军。——译者注

③ 弗尔米奥，伯罗奔尼撒战争前及战争期间的雅典将军、卓越的海军指挥官，公元前428年指挥了几场著名战役。他与地米斯托克利、西蒙(Cimon)齐名。——译者注

前已经提到，亚里士多德评论说，在《奥利斯的依菲琴尼亚》中，大剧作家欧里庇得斯塑造了一个高尚的悲剧人物，这着实令人震惊。亚里士多德认为，人性的写照应该如人性的发展一样。亚里士多德的这种观念排除了那些突然出现的风暴和激情。但正是这些风暴和激情激发了人类的兴趣，培养了人类的多样性。

在讨论了亚里士多德对悲剧人物的评价之后，现在，我将着重谈谈亚里士多德对历史(仅仅是对细节的叙述)的看法。亚里士多德认为，从韵律角度看，希罗多德的作品就只是历史，而不是戏剧诗。奇怪的是，对于亚里士多德的这个观点，我们完全可以用其本应知道而且一定知道的历史事实来进行反驳。在埃斯库罗斯笔下，希罗多德所著《历史》中的一个片段已被改编成一部著名的悲剧作品。埃斯库罗斯是一位非常优秀的悲剧诗人，他明白何为恰当的悲剧主题。而另一个历史片段，米利都的陷落则成了普律尼科司(Phrynichus)[①]悲剧作品的主题。这惹恼了阿提卡人，他们开始批评普律尼科司。阿提卡人之所以批评普律尼科司，并不是因为米利都的陷落不适合成为悲剧主题，而是因为米利都陷落的悲剧性太浓。看了《米利都的陷落》后，全场观众热泪盈眶。阿提卡人认识到了自己当前的不幸、政策上

---

① 普律尼科司，古希腊雅典悲剧诗人，他是把同时代事件作为创作主题的第一人。现只存有少量剧目的残篇，其中的一部是关于波斯攻占米利都的作品。他因为在酒神节上惹怒了阿提卡人而被重罚。——译者注

的失误及他们懦弱地抛弃了伊奥尼亚亲人的事实。

希罗多德最先提出，作为一门艺术的散文史，其本质是：人类事务的进程不仅是一个事件目录，而且是一部依靠宏大而永恒的原则支撑着的优秀戏剧。大国的兴衰，特别是大国统治者的起落，让人们思考"一个重要而完整的行为，或一系列重要而完整的事件引起读者的怜悯和恐惧，从而净化读者的怜悯和恐惧的情感"这个问题。亚里士多德补充了他对悲剧的定义，即主题的每一个部分都必须以优美的措辞进行美化，而希罗多德的《历史》恰好做到了这一点。如果说希罗多德的《历史》是一件艺术品而非仅是学习参考的资料汇编，那么希罗多德的继任者的作品也应如此。他的《历史》的写作风格是古希腊人留给人类的珍贵遗产之一。

在风格和主题上，希罗多德对悲剧的定义和亚里士多德一致。悲剧必须宏大、庄严、完整，悲剧人物的命运变化必须对每个读者产生特殊的影响。波斯和古希腊之间的斗争、波斯和古希腊的不同命运、伊奥尼亚起义①、古希腊的伤痛……这一切都把发生在萨拉米斯(Salamis)和普拉提亚(Platea)的战争推向高潮，促使薛西斯一世(Xerxes I)怯懦地奔回家园。希罗多德还能选择比这更宏大、更庄严、更完整的主题吗？为了美化主题，在讲

---

① 伊奥尼亚起义，古希腊时期(前499年—前493)的一场反抗波斯统治的起义，范围波及伊奥尼亚、多里斯、塞浦路斯、卡里亚、爱奥利亚等地。——译者注

述战斗过程时，希罗多德还穿插了许多令人愉悦的题外话。这些题外话远比古希腊悲剧中的合唱更加多样、更能令人内心宁静。题外话、主要叙述及希罗多德为演员创作的戏剧对话，都以一种自然、轻松、流畅的风格呈现出来，是最完美的艺术。

我不确定，希罗多德的《历史》中显露出的纯朴是否一直是天赋才情的自然流露。在研究中，我发现简洁、纯朴是作家辛勤劳动和挑剔、讲究的结果。举个例子，和同时代的欧洲人相比，欧内斯特·勒南(Ernest Renan)[①]以清晰、简洁的风格而最具盛名。我曾在一位朋友那里见过欧内斯特·勒南寄给他的一份校样。那是一大张蓝色的纸，纸上的内容就是初稿。稿件周围空白处写满校改批注，校改内容可能是原稿的三倍。欧内斯特·勒南的校正看起来自然、轻松，不费一点儿力气。

在众多古希腊人中，希罗多德并不是现代作家的唯一典范。但是，希罗多德身上有讲故事的气质，重述了许多传说和奇迹。因此，更严肃、更具批判精神的人会认为，希罗多德即便不是一个深思熟虑的小说家，也是一个容易被虚假事实欺骗、轻信他人的旅行者。不过，在希罗多德的《历史》中，大量所谓的谎言或者"发明"最终被证实确有其事，例如，伊特鲁里亚人(Etruscans)有乘着船，从小亚细亚海岸来到意大利的传统。

---

① 欧内斯特·勒南(1823—1892)，法国作家、哲学家，同时，他也是研究中东古代语言文明的专家。——译者注

　　如果你们希望了解另一种历史模式，即一种自称清楚记录、仔细筛选过事实的模式，一种自称摆脱了所有奇迹或传奇并坚持循证的模式，那么修昔底德便是这种历史模式的完美典范。过去，人们普遍认为，在记录历史方面，希罗多德的继任者尽量做到精准、科学，这与希罗多德《历史》中的艺术化加工形成了鲜明对比。然而，人们研究发现，希罗多德的继任者所记录的历史与事实相去甚远。修昔底德是一个和希罗多德同样清醒的艺术家。更确切地说，修昔底德是一个更机智的艺术家，因为在作品中，他巧妙地将自己的创作技巧藏了起来，假扮成一个严肃的人，只讲不加修饰的真理。[①]修昔底德认为，人类悲剧是一个适宜而崇高的话题，值得人们深思。对伟人而言，与悲剧舞台上传奇故事提供的教训相比，灾难带给人类的教训同样宝贵。修昔底德笔下人物所说的并非实录，而是修昔底德借以阐述与反思政治形势的创作。同时，修昔底德认为，自己笔下人物的话语也是读者应予以思考的。修昔底德还掌握了处理悲剧历史的方法，以区别于传统。其中，他对克基拉岛(Corcyra)大屠杀的反思就是一个著名范例。我前面已经说过，修昔底德对古希腊政治堕落的描述是错误的。修昔底德认为，古希腊的政治堕落是一种全新的、突然的现象。在修昔底德那绝

---

① 关于修昔底德及其著作方面的内容，读者现在可以参看F. M.康福德(F. M. Cornford)精彩的、富有启发性的著作《修昔底德——历史与神话之间》(*Thucydides Mythistoricus*)。——原注

妙、骇人的描写中，所有恶习都是古老的、众所周知的，根植于古希腊人的性格之中。[①] 展现自己所处时代的罪恶是修昔底德创作计划的一部分，尤其在雅典，雅典人与米洛斯岛人之间残酷的、完全没有历史意义的对话达到高潮，这成了西西里大灾难[②] 和雅典沦陷的序幕。与希罗多德相比，修昔底德写作主题的范围小得多、窄得多，处理方式也更局限，但正因为如此，他的作品更加凝练。他在作品中注入尊严与感伤，使作品在艺术上足以立足于菲迪亚斯、阿里斯托芬和苏格拉底的时代。

也许，有人问修昔底德的措辞是否与意境相称，我想答案并不难寻。修昔底德的措辞分两种，一种是对事实清晰简洁、引人入胜的叙述，没有华丽的修饰，只是随着主题的展开，叙述极其严谨。这是很少有人能超越的一种叙述方式。第一种叙述就像悲剧的对话，在适当时候因演员假装发言而被打断。这些发言就属于第二种叙述，它就像戏剧的合唱，揭露行为的动机及作者掩饰的观点。这种叙述语言晦涩难懂。古代批评家毫不犹疑地将其贬斥为彻彻底底的恶劣风格。修昔底德之前，有希罗多德、欧里庇得斯、安提丰等人，都是措辞清晰的典范。

---

① 例如，将之与希罗多德在《历史》第四卷中讲述昔兰尼（Cyrene）事件的内容进行比较。——原注

② 西西里大灾难，指公元前415年，伯罗奔尼撒战争中期，雅典召开公民大会，决定远征西西里岛，以切断斯巴达的谷物和兵力来源，打破战略僵局，但远征最终失败。此次远征成为伯罗奔尼撒战争的灾难性转折，雅典人的黄金时代终结。——译者注

修昔底德的缺陷乃是他的特质，而这种缺陷不免给他带来一些好处，因为晦涩总是让人印象深刻，特别是当晦涩出现在一个坚实有力的作家身上时。晦涩的表达掩盖了修昔底德作品中的陈词滥调及浅显观点的反复出现。想要真正理解晦涩的表达，必须付出努力，而这无疑是一种脑力锻炼，这个过程也能使读者感到愉悦。对晦涩表达背后的真正意义，如果说读者会感到好奇，那么评论家就会更好奇了。在探寻晦涩表达背后真正意义的过程中，评论家也为自己平庸的才能找到了最佳措置之处。乔治·梅雷迪思(George Meredith)[1]的作品的叙述语言就晦涩难懂，而乔治·梅雷迪思的崇拜者往往都自视甚高。[2]

由于时间的关系，我无法进一步阐释，在色诺芬和波利比乌斯(Polybius)[3]的作品中，人类历史就是一部伟大的戏剧。在伟大的戏剧中，伟大的人物、城市和国家的崛起、辉煌和衰落都通过细节的艺术性选择及完美的艺术风格来呈现。这就是促使爱德华·吉本(Edward Gibbon)写成《罗马帝国衰亡史》(*Decline and Fall of the Roman Empire*)的原因。在罗马目睹了一个已逝文明的巨大遗迹后，爱德华·吉本内心中有一种力量，让他能以适当的

---

[1] 乔治·梅雷迪思(1828—1909)，英国维多利亚时代诗人、小说家。——译者注

[2] 我必须向听众介绍我的《希腊文学史》中关于修昔底德那一章的详细内容。——原注

[3] 波利比乌斯(前200—前118)，古希腊政治家、历史学家。——译者注

作品形式来呈现事实。因此，人类得以见证另一件艺术品，即《罗马帝国衰亡史》。在《罗马帝国衰亡史》中，事实的呈现方式与事实本身的重要性不相上下。就像古希腊人一遍又一遍地叙说的那样，就像西塞罗反复强调的那样，历史是古希腊散文的一种形式。古希腊人告诉世人，只有具有伟大风格或迷人风格的历史才会长久。但不幸的是，很多人都忽视了古希腊人强调的这一点。

结束"历史"这一主题前，我要提醒大家，在传记方面，无论是田园诗般的场景还是人物个体的描绘，普鲁塔克都是现代传记作家的典范。在普鲁塔克的《希腊罗马名人传》中，威廉·莎士比亚发现了一系列悲剧主题。更应指出的是，威廉·莎士比亚认为，普鲁塔克的措辞几乎不需要修改。可见，普鲁塔克的构想及他对个体生活的处理手法是多么戏剧化。

现在，我再回过头来谈谈雄辩。历史写作成就了雄辩。雄辩，可以指法庭上的辩论，即原告和被告在法庭上的针锋相对，也可以指公众集会上的辩论。在公众集会的政治辩论中，演说者试图说服多数人，接受其政策或拒绝其政治对手的政策。请记住，无论是法庭上的辩论还是公众集会上的辩论，古希腊人都不善于即兴表达。古希腊人认为，每个观点的论述都需要提前进行艺术安排，精心准备。在古希腊法庭上，诉讼当事人必须亲自出庭。律师的职责是事先为当事人撰写演讲词，并指导当事人恰当地发言。在研究中，我从未找到任何可以证明古希腊法庭上的辩论出过任何意外状况的资料，也从未听说过任何当事人无法记住或无法表达律师为其准备的内容的事情。因此，我认为，诉讼当事人有可能获准阅读提前准备的演说词。无论如何，撰写演说词都成了一个众所周知的、有利可图的业务，而有能力的人往往会选择进入这一行业。在实践中，古希腊人早就提出了口才理论。因此，从早期开始，就存在相关论著。这些论著可以仔细分析说服艺术的微妙之处，并将说服艺术简化为规则。大部分早期论著已经失传，不过，在安提丰和伊塞优斯(Isaeus)①的作品残篇中，人们找到了相关论著。这些论著提出了非常实用的原则，包括：反对所谓的浮夸与愤怒，提倡尽量少运用修辞手法，强调用语平淡、严肃、有节制，要求不要假惺惺地渲染情感，而是理性创作。论著还提出，理性创作不是说出心里话，而是运用智慧进行精心训练与完美表达。②对现代人而言，乍一看就会发现，古希腊早期论著提倡的说服艺术带有"人造"的味道，与自然的纯洁和真诚形成了鲜明的对比。非自然之物是现代人的一大烦恼，而古希腊人完全清楚"人造"与自然之间的差异。古希腊人并不是简

---

① 伊塞优斯(前420—前350)，古希腊历史学家、阿提卡十大演说家之一。伊索克拉底(Isocrates)的学生，德摩斯梯尼的老师。其演讲词有十一篇完整留存，有十二篇残篇。——译者注

② 在这短短的讲座时间里，我无法向你们阐明古希腊人所推崇的与节奏与和谐有关的论述的详细内容，你们可以参看我的《希腊文学史》中关于伊索克拉底和德摩斯梯尼的章节。——原注

单地让自然顺其自然，而是把自然当作艺术价值最高的作品。为不同当事人撰写演说词时，演说家不仅要研究恰当的论证过程，还要确保论证的表达得体。此外，像吕西阿斯(Lysias)[1]这样的演说家还会把演说者的个性放在首位，也就是说，演说者的性格表达是吕西阿斯艺术的一部分。吕西阿斯将"简单"这一理念运用得出神入化，因此，人们需要仔细分析，才能发现吕西阿斯那隐藏在简单话语背后的修辞手法的精深、微妙之处。

在我看来，当演说家非常有名时，如聚集在法庭上的人们聆听当事人发表德摩斯梯尼或希佩里德斯(Hypereides)[2]所作的演说词时，法律修辞学的精妙似乎被忽视或抛弃了。在理念上，与德摩斯梯尼的演说词差别不大。德摩斯梯尼演说词的很多内容都是关于他的私事。在公众心中，这已成为德摩斯梯尼演说词的独特风格。德摩斯梯尼的许多演说词并非法庭演说词，而是关于政治的长篇大论。恰恰是有关政治的长篇大论，最能显示德摩斯梯尼卓越的口才。多数情况下，所谓的理由只是维护

[1] 吕西阿斯(前445—前380)，古希腊历史学家、著名演说家。公元前404年，他站在民主主义者一边，反对三十僭主代表的斯巴达人傀儡政府，后被迫逃往美加拉。公元前403年返回雅典，此后成为职业演说家。现存演说词三十五篇(其中,完整的二十三篇)，语言流畅、简洁、优美，描述生动。——译者注

[2] 希佩里德斯(前390—前322)，古希腊演说家，曾领导雅典参加公元前323年反抗马其顿统治的最后决战——拉米亚战争。雅典舰队在色萨利失败后，他被马其顿将领安提帕特俘获并处死。他早年以做辩护词为生，创作了七十七篇演说词，现仅存六个残篇。——译者注

一项政策的托词。古希腊散文的巅峰之作是德摩斯梯尼的《论王冠》(On the Crown)。如著名律师、政治演说家亨利·布鲁厄姆(Henry Peter Brougham)[1]便曾说，德摩斯梯尼的《论王冠》是雄辩的典范。《论王冠》运用微妙的逻辑、犀利的论点及巧妙的诡辩来说服人。请记住，在判断一篇演说词的效果方面，像亨利·布鲁厄姆这样的人虽然比一般学者要高明得多，但他们对文体的微妙之处却一窍不通。在古希腊批评家和德国学者的细致研究下，文体的微妙之处才被发现。

即使在《论王冠》这样一篇气势恢宏的演说词中，你们也会注意到，修饰的使用非常有限。《论王冠》没有现代人所说的"修辞之花"，也没有空洞的夸夸其谈。《论王冠》展现的是一幅严肃的爱国者为自己的毕生事业辩护的画面，反对对手的吹毛求疵和批评，当然，其中确实存在几段粗俗的斥责。德摩斯梯尼描述了对手的生活，回应了埃斯基涅斯(Aeschines)对德摩斯梯尼性格的影射。即使德摩斯梯尼所言可能根本不是真理，但埃斯基涅斯似乎一直没有从德摩斯梯尼的抨击中恢复过来。现代绅士，特别是20世纪的英国绅士，辩论中时常遇到无形束缚，而就古希腊法庭演说的体面而言，这种束缚却并不一定存在。这可能是因为古希腊最高法院的陪审团是由中下阶层

---

[1] 亨利·布鲁厄姆(1778—1868)，英国政治家、律师、改革家、演说家，曾主持多次重大法律改革，并带头创办伦敦大学。——译者注

人士组成，对于缺乏教养的行为，他们并不会感到震惊。

古希腊人的雄辩术即便存在局限性，但仍通过古罗马人传到了中世纪的欧洲，文艺复兴后又直接传给现代欧洲人。直到现在，古希腊人仍然是这一辉煌艺术领域中公认的大师。人们往往会想当然地认为，一个没有印刷品因而也就没有广大读者群体的社会，不可能诞生雄辩的文章。然而，事实并非如此。古希腊有关雄辩的文章，不仅在激烈的辩论平息后让人读来仍觉精彩，在如今新的苛刻条件下也完全经得住考验，值得后世的批评家研究和分析。不过除了手稿，书面演说词的作者没有更好的途径来公开自己的文章，也没有希望成为名人或因此获得巨大利益。虽然演说者的听众有限，但他们已经像现代人一样清楚地知道：吸引公众阅读、思考，并悠闲地研究演说者的论点与风格。演说者不只满足于最初的演讲目的，还完善了散文甚至是散文对话。散文对话是一种非常特殊的文学形式。

谈到阅读公众时，我也许应该对它稍微做一下限制，比如习惯于聆听大声朗读的公众。阅读公众介于纯粹的听众和纯粹的书籍读者之间。在爱尔兰，我已非常熟悉阅读公众这个群体了。每一天，我都可以看到一群在听报或听书的人。如果大多数人都属于阅读公众，那么作家不仅要考虑作品要表达的内容，还要关注作品经大声朗读出来后的发音效果。我以此来激励英语公祷书的创作者们。英语公祷书的创作者们希望通过感情和祷告文的声音效果来影响听众。而这正是古希腊雄辩术学习者，特别是欧洲"政治散文之父"伊索克拉底在散文创作中迈出的重要一步。

文体风格方面，伊索克拉底具有非凡的天赋。但伊索克拉底的嗓音和体格条件完全不适合公开演说。此外，在克服缺陷时，伊索克拉底也不具备德摩斯梯尼的非凡精力与毅力。伊索克拉底认为，可以通过公开信或政治小册子的形式进行散文创作，以发挥自己的影响力。运用最优美的语言，通过最恰当的方式，伊索克拉底把自己的思想表达了出来。

在此，我引述天才理查德·瓦格纳(Richard Wagner)[①]将自己的先天缺陷转化为成就的奇特例子。理查德·瓦格纳缺乏创作长旋律的天分，因而刚开始创作传统歌剧时，遭遇了失败。后来，理查德·瓦格纳开始创作短旋律，并因此获得了特别大的名气。当然，理查德·瓦格纳还具备其他优秀品质，特别值得一提的是他对管弦乐的使用独具一格。不过，旋律始终是音乐中最重要的部分，没有人能像理查德·瓦格纳那样，留给世人如此少的长旋律，而作品却能达到一流水准。从《黎恩济》(Rienzi)中，人们就可以明白理查德·瓦格纳曾做过哪些尝试。

伊索克拉底设计并完善的散文创作法则是最微妙、最完整的法则。当然，其中一些原则只适用于希腊语。伊索克拉底阐

---

① 理查德·瓦格纳(1813—1883)，德国作曲家、剧作家，以歌剧闻名。他提出整体艺术的概念，后期作品以复杂的音乐织度、丰富的和声及配器法著称。作品有《黎恩济》《漂泊的荷兰人》等。——译者注

述的一般原则已被许多作家采纳，也被用于许多语言中。[①]众
所周知，西塞罗模仿了伊索克拉底的风格，并且因此在欧洲文
坛占据了主导地位。英国最杰出的例子是约翰·弥尔顿的《论
出版自由》(Areopagitica)。约翰·弥尔顿明显受到伊索克拉底的
启发，但他对语言的掌控远不如伊索克拉底那样完美，他的思
想也不如伊索克拉底那样清晰。对语言的完美掌控及清晰的思
想，正是伊索克拉底作为大师的魅力所在。对演说家、小册
子的撰写者及历史学家而言，伊索克拉底是他们创作风格上的
老师。因让自己最喜欢的学生埃福罗斯(Ephoros)及塞奥彭普斯
(Theopompus)在创作时重点关注措辞而不是内容的公正性，伊索
克拉底受到指责。就像爱德华·吉本所说，毫无疑问，让历史
拥有说服力才具有最高价值。现在，我不想再谈论这个问题，
而更想提醒你们注意，即使在英语中，周期性出现的风格也是
极具价值的。近来(按:20世纪初)，讽刺短诗十分流行。人们推崇
简洁的风格，漠视文体形式。我认为，在19世纪的作家中，约
翰·罗斯金(John Ruskin)[②]是迄今为止最优秀的文体家。约翰·罗斯
金最令人钦佩的地方，不是他常有异想天开的想法，而是他
提出这些想法的方式。在他的作品里，你们可能会发现，一整

---

① 参见我的《希腊文学史》第457节。——原注
② 约翰·罗斯金(1819—1900)，维多利亚时代英国主要的艺术评论家，也
是画家、哲学家、思想家。其写作风格多样，涉足领域广泛，包括散
文、诗歌、旅游指南、信，甚至童话等。——译者注

页就只有一个长句。约翰·罗斯金的笔就像织布机一样，一个长句中，许多协调一致的从句与相互平衡的观点彼此钩织成一个宏大的结构。这就是比起詹姆斯·安东尼·弗劳德(James Anthony Froude)[1]、若望·亨利·纽曼(John Henry Newman)[2]及华特·佩特(Walter Pater)[3]，约翰·罗斯金更出色的原因。那三人要么使用短句，要么尝试断句，作品既不赏心悦目也不清晰。

在上一代人中，威廉·尤尔特·格拉德斯通和威廉·康纳·马吉(William Connor Magee)[4]是英国杰出的演说家。他们两人都是经过长期训练才走向成功的。威廉·尤尔特·格拉德斯通的成功源于固定的训练习惯。在日常生活中，他的训练习惯表甚至改变了他的日常谈话习惯，而威廉·康纳·马吉的日常谈话用语简短、辛辣。他以杰出的苏格兰演说家宾惠廉(William Chalmers Burns)[5]为榜样进行训练。我亲眼见过威廉·康纳·马吉分析宾惠廉的手稿，并注意到他对宾惠廉的分析特别细致。

---

[1] 詹姆斯·安东尼·弗劳德(1818—1894)，英国历史学家、小说家、传记作家。——译者注
[2] 若望·亨利·纽曼(1801—1890)，英国神学家、学者、诗人，19世纪英国宗教历史上一个重要而又有争议的人物。——译者注
[3] 华特·佩特(1839—1894)，英国作家、评论家。——译者注
[4] 威廉·康纳·马吉(1821—1891)，英国圣公会的爱尔兰牧师。1868年至1891年任彼得伯勒主教，1891年担任约克大主教。——译者注
[5] 宾惠廉(1815—1868)，英国长老会教士。1847年来华传教，先后在香港、汕头、厦门、上海、北京、营口等地宣教。1868年病逝于营口。——译者注

如果可以这么说的话，我认为威廉·尤尔特·格拉德斯通和威廉·康纳·马吉的训练都产生了奇妙的效果。他们带领观众，一同经历了伟大时代的"波澜起伏"，让观众对如何安全"着陆"感到好奇。威廉·尤尔特·格拉德斯通和威廉·康纳·马吉对听众施加了一种影响，这种影响迥异于我体验过的其他任何事情产生的效果。威廉·尤尔特·格拉德斯通和威廉·康纳·马吉都熟知希腊语，但两人的散文风格都不是直接建立在伊索克拉底的散文风格的基础之上的，而是基于伊索克拉底传授给西塞罗、约翰·弥尔顿、杰里米·泰勒(Jeremy Taylor)[1]及埃德蒙·伯克(Edmund Burke)的原则，而西塞罗、约翰·弥尔顿、杰里米·泰勒及埃德蒙·伯克都欣赏并实践了伊索克拉底的散文风格。

古希腊人如果要向现代世界展现其散文典范，就一定会展现当时得体的日常交谈、完美的戏剧及各种人物有修养的语言表达。在《对话录》(*Dialogue*)中，柏拉图向世人展示了一个不可企及的例子，将对话提升为一门高雅的艺术，再次创造了一种从未消亡的独特文学形式。[2]

---

① 杰里米·泰勒(1613—1667)，英国教会牧师，奥利弗·克伦威尔摄政时期以作家身份闻名，有"神学家中的莎士比亚"的美誉。著有《活得圣洁》(*The Rule and Exercise of Holy Living*)、《死得崇高》(*The Rule and Exercise of Holy Dying*)。——译者注

② 参见我的《希腊文学史》第416节、第437节。——原注

上述有关古希腊散文(除了传记)的发展，属于古希腊文学黄金时代的成果，是那个辉煌时代的大师们的成就。在为现代欧洲塑造模范方面，古希腊白银时代几乎同样卓有成效。只有当一大批杰出的作家诞生后，人们才能期待文学批评能够占据重要地位。文学评论家毕竟是一种"寄生虫"，只能"寄生"在更大、更高贵的"动物"身上。亚历山大图书馆开始系统整理时，筛选作者和文本变得十分必要。因为此时出现了一大批批判学者。他们开始筛选文本，确定文本的价值，形成了对古典名著吹毛求疵的态度，而这态度给现代世界带来了祸害。不过，哈利卡尔那索斯的狄奥尼西奥斯(Dionysius of Halicarnassus)[①]的评论文章及《论崇高》(On the Sublime)仍然是典范。它们阐明了什么是好的，什么是有用的。当时的评论简单朴素。阿里斯托芬评判诗人时，仅做出道德判断，而似乎从未考虑美学问题，甚至连柏拉图也是如此。在《论崇高》中，人们发现了特别现代的观点。此外，《论崇高》对19世纪的文学产生了不小的影响，不止埃德蒙·伯克一人认为《论崇高》值得翻译。

---

① 哈利卡尔那索斯的狄奥尼西奥斯，古希腊历史学家、修辞学家、文艺评论家，活跃于奥古斯都·恺撒统治时期。其文学风格属阿提卡式，反对希腊化时期流行的堆砌造作的亚细亚文风。著有《修辞学》(The Art of Rhetoric)、《论模仿》(On Imitation)、《论词的搭配》(The Arrangement of Words)、《论修昔底德》(On the Character of Thucydides)等。——译者注

我不准备再讨论古希腊人留给世人的各种书信了，你们可以参看《古希腊书简》(Epistolographi Graeci)。我认为，书信不是一种独特的文学形式，而可以肯定的是，每一个使用书写材料的民族很难不使用书信。那些书信能够留存至今，没有什么特别的原因，也许是在汇编时，人们有意识地选择保存杰出古人的书信。柏拉图、伊索克拉底及其他人的书信，并没有给后人带来任何额外的文学价值。[①]因此，我将略去书信这部分内容，也不再谈论后来的修辞学者和诡辩家们的道德说教。其中，最有趣的是金嘴狄翁(Dio Chrysostom)[②]。我希望，现代的布道能从金嘴狄翁这个令人钦佩却很少被现代人接受的人身上获得启示。金嘴狄翁见多识广。他是一个旅行家、一个高尚的道德导师，对风景有着天然的鉴赏力。

最后，我不得不谈谈古希腊散文小说，因为古希腊散文小说创造了一种在现代社会占据着重要地位的文学形式。古希腊散文小说算是古希腊人在文学领域的最后一项贡献。正如圣保罗看待自己的身世一样，古希腊散文小说的诞生不合时宜。但和圣保罗一样，古希腊散文小说对现代生活的影响比其

---

① 人们在埃及莎草纸中找到原件可能是个例外。人们从分散在各地的古希腊人（冒险的雇佣军后代）的书信中找到了现代书信写作的礼貌用语特征，在西塞罗的信中发现的所有古罗马式的礼貌用语都源于长期流传的古希腊书信形式。——原注

② 金嘴狄翁（约40—约115），1世纪罗马帝国时期的希腊演说家、作家、哲学家和历史学家，现存演说词八十篇。——译者注

任何一个"兄长"都大。也许有人会认为，从米南德及其竞争对手的现代喜剧发展到现代意义上的散文小说，是一个缓慢且不可避免的过程。但古希腊文学的任何一个分支对同类的兴起和发展所产生的影响都比不上古希腊散文小说那样大。米南德的戏剧都以令人厌烦的反复叙述开篇。此处，我是指一个受人尊敬的女孩因为别人的忽视或暴力，在没有结婚的情况下就做了母亲这件事。众所周知，任何一位古希腊小说家都会厌恶类似话题，因为当时人们的主要兴趣在于展现各种诱惑和暴力下女主人公的纯洁。要让古希腊人接受米南德笔下的女孩并不容易，而于古希腊文学而言，这也是十分陌生的话题。直到后来，那些在东方了解到相关爱情故事的人将其引进来，古希腊人才慢慢接受类似话题。色诺芬所著《居鲁士远征记》(The Anabasis of Cyrus)的浪漫情节中，有一些类似的话题。卡利马科斯(Callimachos)[①]的诗歌《阿孔提俄斯和库狄帕》(Acontius and Cydippe)可能是古希腊文学第一次接触到现代类型的爱情故事。在宗教仪式上，一个年轻男子和一个少女相遇并一见钟情。他们的结合，遭遇了在现代社会司空见惯的各种阻碍：世俗的父母、富有的追求者、心碎和自杀的威胁……这些内容占据了整个故

---

① 卡利马科斯(约前310—约前240)，古希腊著名诗人、学者、图书管理员，公元前3世纪活跃于亚历山大。希腊化时期古希腊文学的代表人物，著有八百多部体裁多样的文学作品，但多已失传。——译者注

事。两位主人公经历种种不幸，最后步入幸福的婚姻。[①]当时，这样的情节在文学中，特别是古希腊文学中前所未有，极有可能会让当时的读者感到震惊。即便在此之前，古希腊人的经历可谓丰富多彩，但在托勒密王朝时期的亚历山大，这样的情节尚属新鲜。现存所有古希腊小说中，类似的爱情故事是贯穿小说的必要线索，以至于德国的学究们把这些爱情故事编成《古希腊爱情故事》(Scriptores Erotici Graeci)。这些故事里，恋人之间的关系绝对纯洁，所有诱惑都源于暴力者的激情，而读者对故事里的这种激情毫无兴趣。到目前为止，这类爱情故事的典范是著名的《达佛尼斯与克露亚》(Daphnis and Chloe)。自从法国的雅克·阿米约(Jacques Amyot)[②]把《达佛尼斯与克露亚》引入欧洲以来，由于故事的简朴及其背后的自然风光，出现了许多模仿者。虽然我觉得，《达佛尼斯与克露亚》的作者远远没有表达出其笔下人物的天真无邪，也没有对其描写的自然流露出欣赏

---

① 威廉·莎士比亚的《罗密欧与朱丽叶》灾难性的结局及剧中的文学表现手法，即安眠药、坟墓里的情人再次结合等，都是古希腊小说惯用的手法。很明显，《罗密欧与朱丽叶》一定是从这类古希腊小说的意大利版本中衍生出来的。显然，薄伽丘(Giovanni Boccaccio)也受到了这些文学作品的影响。——原注

② 雅克·阿米约(1513—1593)，法国文艺复兴时期作家、翻译家，以翻译古希腊作家的著作而出名。最著名的译著为普鲁塔克(Lucius Mestrius Plutarch)的《希腊罗马名人传》(The Live of the Noble Grecians and Romans)，这本译著的英文版为威廉·莎士比亚的罗马历史剧提供了历史素材。——译者注

之情。《达佛尼斯与克露亚》是古希腊文学颓废时期的作品，暴露了那一代文人的缺点。尽管如此，《达佛尼斯与克露亚》仍是一件美妙的艺术品，就像忒奥里托斯的田园诗、穆赛奥斯（Musaeus）[①]的《海洛和利安得》（Hero and Leander）及圣马丁节的夏天一样美丽，甚至更让人爱不释手，因为人们觉得《达佛尼斯与克露亚》是"盘旋在腐朽周围的镀金光环"。

我之所以说《达佛尼斯与克露亚》是典范，原因是虽其故事简朴，但作品快要结束时也不乏激烈、不可思议的冒险。不过，与其他同类故事中情人的冒险相比，《达佛尼斯与克露亚》中的故事情节并不算独树一帜，因为当时还存在一种完全不同的散文故事，即在陌生而神奇的土地上进行野外冒险的故事。

古希腊人入侵东方后，发现了一片全新的领地。这里有惊人的辉煌、令人瞠目的宝藏、令人惊叹的大自然。眼前的景象，极大地激发了古希腊人的想象力。古希腊人开始书写游记。亚历山大大帝的征服计划遭到其麾下士兵阻挠，士兵们坚决拒绝踏上征程，但没有什么能够妨碍描写亚历山大大帝事迹的作家们的想象力。作家们把亚历山大大帝征服世界的真实故事与其对东方神迹的探索结合在一起，因此有了《亚历山大传》（life of Alexander）。我认为，《亚历山大传》在亚历山大大帝

---

① 穆赛奥斯，一位传奇的哲学家、历史学家、预言家、诗人和音乐家。——译者注

死后不久便写成了。后来，人们开始夸大并美化亚历山大大帝的故事，游记文学开始起步。游记文学不仅描写令人憎恶的野蛮人，也描写了各种理想社会，它们远离了过时的、没落的文明所带来的罪恶和困扰。游记文学不仅是古希腊人在文学上的最后一个"孩子"，也是古希腊人曾经纯洁而崇高的想象的"私生子"。

第四章　　　　CHAPTER IV

·古希腊艺术（一）：建筑和雕塑

GREEK ART —I: ARCHITECTURE AND SCULPTURE

当然，把文学和艺术截然分开并不符合常理。在古希腊人眼中，各种形式的文学不仅仅是一门艺术，更是一门完美的艺术。当然，与索福克勒斯的戏剧相比，利西波斯(Lysippus)[1]的雕塑并不见得更加完美。为了方便起见，在现在这个文学很少被视为艺术的时代，我把文学的某些分支视为古希腊艺术的一部分。在这些文学分支中，艺术家不使用文字，而是使用其他材料来进行创作。艺术家将自己对美的热爱与现实生活相结合，在当时其他民族那里，这种情况还从来没有出现过。此外，谈到古希腊文明对现代生活的影响(这正是本书的主题)，我认为，没有其他什么能比艺术的影响更大、更持久。成千上万的人效仿或幻想自己效仿了古希腊艺术，但他们从未读过一个希腊语单词，也从未对古希腊文学产生过兴趣。今天，我将谈谈古希腊艺术更坚实、更宏大的表现形式：建筑和雕塑。至于更主观、更具装饰性的艺术形式，则留到下一章再讲。

你们可能会认为，雕塑艺术的发展要晚于建筑艺术。但事实并非如此。早在史前时代，当人们对建筑的认识还停留在只考虑其安全性时，武器和个人用品上就出现了精美的装饰。而原始人精致的文身也印证了他们粗犷的住所风格。[2]

---

[1] 利西波斯，公元前4世纪的古希腊雕刻家，古典希腊时代三位最杰出的雕塑家之一，另两位为斯科帕斯、普拉克西特列斯。——译者注

[2] 学者从史前人类的遗骸中发现，音乐最初的呈现载体是口哨或管乐器。当时还没有文字，人们只会画画。——原注

　　人们现在所知的最早的房屋建筑样式是地下圆顶石屋。地下圆顶石屋的设计，不仅要考虑实用性和耐用性，还要考虑安全性。在许多国家，圆顶石屋都很常见。现在，在斯凯利格·迈克尔岛(Skellig Michael)，即不列颠群岛距离美国最近的陆地上，那些荒野岩石上的修道士小屋可能是最典型的圆顶石屋。圆顶石屋不易防御敌人，而地下圆顶石屋则完美地解决了这个问题。[①]只有一条狭长、低矮的水平通道从入口通向地下圆顶石屋门口。敌人只能手脚并用地爬过通道，而他们一出现在地下圆顶石屋的门口，甚至连拿起武器的机会都没有，就可能被屋主砍下头颅。在石器时代的原始遗迹里，我见过地下圆顶石屋。这处遗迹坐落在奥克尼群岛(Orkneys)主岛上一个非常荒凉的海湾上，面朝西北，对着大西洋。在那里，我和随行人员发现了一些地下圆顶石屋。石屋里存放着简单的器皿和工具。门外有一条低矮的通道，通向入口，屋主可以由这条通道爬进小屋。这些石屋里的武器(其中许多武器尚未被发掘出来)，要么用石头制成，要么用骨头制成，也有用贝壳制成的。要知道，即使在世界上最偏远的角落，人类也会用相似的方式满足相同的需求。在原始社会，地下圆顶石屋曾经是一种非常普遍的住宅形式。当古人能够建造其他类型的建筑后，地下圆顶石屋就变成了死

---

① 　地下圆顶石屋不是挖掘出来的，而是先在地面上建好圆顶石屋，然后再在房屋外面盖土掩埋。——原注

者的安息之地。时光流转，人们将房子建得越来越高，通道也修得越来越好，就像我在爱尔兰著名的纽格莱奇墓(New Grange)看到的那样，古人甚至装饰了墙壁内侧的石板。和其他领域一样，在建筑领域，史前希腊人比世界其他地方的人表现得更完美。过去被称为"雅典宝库"的圆顶石屋现在被认为是某位史前国王的陵。这是一座高五十英尺的宏伟建筑，由三十三层石头水平堆叠而成，建筑内部墙面的石头经打磨形成一个圆锥形的空间。这座建筑使用石头做大型过梁，内部墙面上分布着青铜玫瑰花饰，古墓地道两旁则排列着饰面精美的石雕作品，地道一直通向装饰华丽的入口。借助斯莱戈侯爵(Marquess of Sligo)乔治·布朗很早之前搬回家的柱子，入口得以修复完成。现在，这些柱子让在大英博物馆中做史前艺术研究的学生们瞠目结舌。[1]而另一个著名的典范，是位于维奥蒂亚(Boeotia)的奥尔霍迈诺斯(Orchomenos)的米尼安人的墓。我为什么要专门花时间来讲这种完美、漂亮的建筑呢？[2]首先，我想向你们展示如今已经高度发展的建筑最原始的样子。当时，古人只是给房子增加高度，然后再精心装饰。从古埃及类似的房屋建筑中，我们可以

---

[1] 内楣石长30英尺，宽16英尺，厚度超过3英尺，重约112吨。古墓地道长115英尺，宽19英尺。门高17.5英尺，顶部宽8英尺，地面8.5英尺。整个房间高约50英尺，地面宽50英尺。参阅《旅行指南》(Baedeker)第324页中的描述。——原注

[2] 我认为圆顶石屋从北欧和中欧引入，因此，古希腊早期文明的源头很有可能是北欧和中欧。——原注

了解到，房屋装饰大约可以追溯到公元前15世纪。其次，我想让你们明白一个重要的事实，即圆顶石屋很早就被用于存放死者，直到古希腊历史晚期才又用作活人的居所。宏伟而精致的阿脱雷斯宝库(Treasury of Atreus)[①]的建造者很可能从未住在圆顶石屋里。他们修建圆顶陵墓，只是出于对死者的尊重，实际上也是为了保证陪葬品的安全。

现在，我来谈谈方形建筑。此处的方形建筑当然包括矩形建筑。在我看来，最早采用方形建筑造型的是原木小屋。原木一根一根交替放置形成直角，进而围成一个方形空间。在两根直立的柱子上面搭一根水平横梁，使下面形成一个简陋的门道。在门道两边直立的柱子旁，使用较短的原木筑墙。从墙的顶端铺设原木，与对面墙顶端铺设的原木彼此支撑，从而形成一个山形屋顶，当然也可以用类似方法搭建一个水平屋顶。

从原木小屋这个简单的房屋样式中，人们可以推导出整个欧洲的古典建筑模型。原木之间的空隙，最初是用黏土填充的。即使是梯林斯(Tiryns)的巨石，也要用黏土进行类似处理，这样一来，墙体才能有效抵御风雨的侵袭。后来有人发现，比起木头或石头，把黏土制成砖块，比其他在阳光下慢慢晒干后做成的建筑材料更好用，于是，黏土制成的砖块成了筑墙的

---

① 阿脱雷斯宝库，即阿伽门农墓，位于迈锡尼帕纳吉萨山，大约建于公元前1250年，由三十四层石砌圆环组成，并以一块巨石封顶。——译者注

主要材料。根据早期砖墙中纵向嵌入木梁以稳固建筑结构的事实，我们可以推断，古人使用木材的历史十分悠久。门柱和门楣都使用木质材料，是因为如果没有木门框的保护，门边的砖墙很快就会受损。但如果遭遇火灾，木质结构就很可能遭到灭顶之灾，所以在后来，陶土外壳逐渐取代了木门框。最终，石头门框取代了古老的木质门框，但原始木制品的痕迹仍随处可见。最古老的木柱当属石头基座上的木柱，但在重力作用下，木柱顶部往往会被压平，因此古人便在木柱顶部使用金属带绑扎。你们可以看到，多立克柱[①]柱底没有柱基，柱顶有一个"八"字形的柱头，柱头上有一个顶板，这个顶板就是用来保护木头内侧不被雨水浸湿的，因而多立克柱特别结实耐用。

多立克式神殿反复出现的装饰，莫过于由垅间壁和三垅板组成的檐壁饰带。垅间壁实际上是三垅板之间的空隙。最初，屋顶使用的是不透明的砖块，所以开口以便采光就显得十分必要。维特鲁威(Vitruvius)[②]把垅间壁称为"横梁末端"。为什么三

① 多立克柱，欧洲古典建筑三种柱式中出现最早的一种柱式，源于古希腊。特点是粗大雄壮，又被称为男性柱。雅典卫城(Athen Acropolis)的帕特农神殿和波塞冬神殿即采用此柱式。另外两种柱式是爱奥尼柱和柯林斯柱，同样源于古希腊。——译者注

② 维特鲁威，公元前1世纪古罗马作家、建筑师、工程师，著有《建筑十书》(De Architectura)。维特鲁威认为，建筑应注重坚固性、实用性和美观性，这些原则后来广泛应用于古罗马建筑中。列奥纳多·达·芬奇依照维特鲁威对建筑和人体完美比例的讨论，画了《建筑人体比例图》，即《维特鲁威人》(Vitruvian Man)。——译者注

垅板总是如其名所示的那样，有三个凹槽呢？显然，这是为了两根用作天花板的横梁之间夹着第三根横木，第三根横木直插到山墙，与另一根横木相交，从而形成了倾斜屋顶的骨架。当屋顶使用半透明的大理石瓷砖或设置一个更高的假屋顶时，垅间壁的采光功能便没有存在的必要了，古希腊人便在垅间壁和三垅板组成的檐壁上饰以彩绘或浮雕，目的是改变建筑物的线条。

上面，我讲了神殿的一些主要特征。神殿确实是对后世影响最大的建筑。神殿的特征最初源于雄伟的房子，关于这一点，可以从梯林斯遗迹中看出。梯林斯遗迹中，建筑物的屋顶和上部都已不见，但门口的布局与历史上的神殿完全相同。此外，梯林斯遗迹中，仍有许多证据表明，门口实际上使用了木质柱子。公元2世纪，保萨尼阿斯(Pausanias)[①]还在奥林匹亚(Olympia)的赫拉古神殿中发现了一两根木柱。顺便说一下，赫拉古神殿里有著名的普拉克西特列斯的赫尔墨斯(Hermes of Praxiteles)[②]。因为木头会磨损，所以后来渐被石头取代。德国考古学家威廉·德普费尔德(Wilhelm Dorpfeld)[③]发现，随着人们的品

① 保萨尼阿斯(110—180)，生活在公元2世纪罗马时代的希腊地理学家、旅行家。——译者注
② 古希腊时期的雕像，于1877年在赫拉古神殿的废墟中被发现，如今在奥林匹亚考古博物馆展出。——译者注
③ 威廉·德普费尔德(1853—1940)，德国建筑师、考古学家，地层挖掘和考古项目精确图形记录的先驱，古希腊和小亚细亚文化的发掘主持者之一。——译者注

味不断变化，木头的替代品一直在变化，特别是柱头部分。根据赫拉古神殿的柱头判断，每根柱子上的柱头均不相同。

住宅和神殿最根本的区别在于，住宅包含一个中央庭院，在中央庭院四周建筑房屋，中央庭院因太大而多采用露天形式。后来，中央庭院式的建筑模型传遍整个南欧地区。例如，意大利的宫殿光线昏暗，沿街设防，宫殿里面有一处内院及一条环绕内院的走廊，宫殿里面的房间都是开放式的。由此可见，天才的古希腊人发现的建筑原则产生了多么深远的影响。

神殿是一个中等大小的房间，一面开门，是从简单的方形房间逐步发展而来的。穿过双柱式门廊，便进入精心设计的神殿中。神殿四周有两排柱子环绕，后面还设有一个宝库。神殿对外开放，向接近它的人展示自身的美，而私人住宅则只对内开放，把所有的美都留给了居住者，甚至在设计上也十分注意，防止屋外公众因对房屋内部的好奇而窥视。最近几年，基于学界对现存遗迹的详细测量和研究，人们了解到，神殿是一个方形建筑，另外，它在比例和直线的光学校正方面也特别讲究，因而直线看起来是曲线。古希腊宗教建筑的完美，不仅在于其实用性，还在于建筑材料的珍贵、建筑工艺的精良。在建筑中，曲线的巧妙运用、长度和高度比例的和谐应用都体现得淋漓尽致，一直以来，都令人觉得不可思议。古希腊神殿是欧洲各国首都重要建筑竞相仿效的典范，是世界上其他任何建筑都无法比拟的。

接下来，我谈一个有趣的话题：许多人所谓的"古希腊建筑天才的缺陷"。你们几乎会在每本书中看到类似的论断：古希腊人不会运用拱门设计，现代建筑中拱门的使用完全应归功于古罗马人。我认为，古希腊人不使用拱门设计，是因为古希腊人有意摒弃圆形建筑和圆锥形屋顶，而代之以方形建筑和水平屋顶。如前所述，古希腊历史上，圆顶石屋最初是用于安放死者的，因此圆顶建筑容易让人与阴郁联系在一起。古希腊人既然能将平整的石头一层层向内堆叠，最终建造成一个圆锥形的石头屋顶，怎么可能不知道拱门和拱顶石的设计原则呢？事实上，保萨尼阿斯认为，早在奥尔霍迈诺斯的米尼安人的墓建造时期，古希腊人就会设计拱顶了。如果说在奥尔霍迈诺斯的米尼安人的墓遗址中，拱顶设计体现得还不够明显的话，那么至少可以说明，古希腊建筑的资深研究者保萨尼阿斯并不认为拱顶设计是古希腊建筑和古罗马建筑的普遍区别。正如我说过的，古希腊人不喜欢用圆形建筑代替方形建筑，古罗马人却把圆形和圆锥形元素融合在建筑设计中，并将其传承到文艺复兴时期。显然，古罗马人的做法并不是古希腊人想要的改变，古希腊人更不会支持没有任何实用价值的建筑装饰。古希腊人认为，建筑的每一部分都应具有实用价值，如柱子支撑柱顶过梁，柱顶过梁支撑屋顶的横梁，绘画或浮雕饰面有助于削弱天气对室内造成的影响。这一切对古希腊人来说都十分必要。接下来，我会举例说明古希腊人心目中糟糕的建筑。在威尼斯圣马可大教堂入口，矗立着许多大理石柱子，柱子上面有一扇装饰华丽的拱门。除了支撑拱门的柱子，其他柱子仅作为装饰而存在，没有任何实用价值。在意大利东部及西西里岛的罗马式建筑中，威尼斯圣马可大教堂的大门都显得十分俗气。

人们普遍认为，是意大利人发明了拱门设计并最先使用。在著名的《建筑对话录》(Entretiens sur l'architecture)中，欧仁·维奥莱-勒-杜克(Eugène Viollet-le-Duc)提出了如下理论：古罗马人受伊特鲁里亚人的影响，学会使用拱门设计；通过伊特鲁里亚人，古罗马人借鉴了很多早期文明的成果。如果真是如此，人们是否就可以确定，拱门设计的真正起源不是古希腊？神秘的伊特鲁里亚人是否有可能发现了古希腊人不知道的建筑原则？我不这么认为。更重要的是，我认为，伊特鲁里亚早期所有文明都受古希腊人的影响，伊特鲁里亚人与古希腊人之间的联系比学界猜想的要更早、更深。现在回到希罗多德讨论的话题，伊特鲁里亚人从小亚细亚经海路来到意大利。在意大利最早的希腊殖民地库迈(Cumae)，伊特鲁里亚人留下了足迹。伊特鲁里亚人移民的时间似乎并不太久远，因此，伊特鲁里亚人很可能从早期古希腊人那学会了拱门的使用原则，并将其"转交"给古罗马人，然后，古罗马人把它传到欧洲各地。除了完善拱门的使用原则，古罗马人还把拱门设计运用在希腊式的柱子和过梁上。

我再次申明，古希腊人在其历史早期就已做出选择：圆形建筑适于安放死者。古罗马人把这个观点留给了现代欧洲。无论万神殿(Pantheon)[①]的最初用途是什么，它现在都已成为民族英雄的安息之地。宏伟的哈德良(Hadrian)陵，即现在的圣天使城堡(Castle of St. Angelo)就是在同样的背景下建造而成的。古往今来，所有死者的安息之地，如巴黎荣军院(L'Hotel des Invalides)、牛津的珀西·比希·雪莱纪念碑，在艺术上，都是阿特柔斯宝库、米尼安人的墓及其他被古希腊人奉为圣物的产物。就在最近，我受邀参观维多利亚女王及阿尔伯特亲王位于弗罗格莫尔(Frogmore)[②]的陵墓。我发现，维多利亚女王及阿尔伯特亲王的圆形陵墓也是按照古代几乎普遍存在的陵墓样式建造的，虽然建造者们可能并不知道这一点。古希腊人很可能从某个北方民族那里得到了圆形陵墓的古老观念。爱尔兰和欧洲其他地方早期陵墓中出现的类似建筑形式似乎表明，关于陵墓的模型，人们在史前就达成了一些共识。不管这个推测是否准确，毋庸置疑的事实是：正是通过古希腊人，文明的欧洲接受了圆形陵墓的设计。

现在，我来谈谈另一个艺术领域，也就是雕塑。直到今天，天赋异禀的希腊人一直在雕塑领域占据着至高无上的地位。现代雕塑家几乎不敢奢望能超越杰出的古希腊雕塑家。如

---

① 万神殿，位于意大利罗马，为古罗马时期的宗教建筑，用以供奉奥林匹斯山上诸神，始建于公元前27年，是古罗马精湛建筑技艺的典范，也是至今唯一一座保存完整的罗马帝国时期的建筑。——译者注

② 弗罗格莫尔，位于英格兰伯克郡，毗邻温莎城堡，是弗罗格莫尔庄园、弗罗格莫尔别墅、皇家疗养院等的所在地，也是英国王室成员的墓地所在。——译者注

果现代雕塑家的作品能接近普拉克西特列斯的作品或西顿大墓（great tomb of Sidon）里无名工匠的作品，那么他不啻完成了一项惊人之举。

不少人把古希腊雕塑的完美归功于古希腊男子每天在角力学校中赤身裸体地进行运动，雕塑家因而有机会观察肢体活动和肌肉的线条。到目前为止，我认可这种说法。我经常建议那些抱怨找不到合适模特的现代雕塑家们去萨摩亚（Samoa）[①]或所罗门群岛（Solomon Islands）朝圣几年，在那里学习高雅的形式，在最纯粹的自然状态下锻炼身体。我坚信，敢于接受我的建议的雕塑家，一定会在艺术上成就一番伟业。但即便如此，去萨摩亚或所罗门群岛朝圣，学习高雅的形式，在最纯粹的自然状态下锻炼身体，也只能触及古希腊辉煌成就的边缘而已。裸体雕塑不是古希腊最早或最优秀的雕塑成就。古希腊雕塑作品确实存在一些裸体，如阿波罗雕塑。不过据我所知，早期女神雕塑都披上了帷幔。也正是披上帷幔的古希腊雕塑以其至高无上的优雅独树一帜。还需要我继续补充说明在人物体形和构图方面，古希腊雕塑仍是现代欧洲的典范吗？在比较了帕特农神殿的雕带[②]与同

---

① 萨摩亚，南太平洋岛国，官方名为"萨摩亚独立国"。1997年之前称为"西萨摩亚"。——译者注

② 雕带，建筑学用语，多位于楣梁和檐口之间，也有位于建筑内部的雕带。有爱奥尼亚式或多立克式雕带，也有用浅浮雕装饰的雕带。许多古希腊和古罗马建筑上都有雕带。——译者注

类型的现代建筑后,人们便会明白我所言属实,无可置辩。古希腊人虽然在经验或物质资源上不及现代欧洲人的十分之一,但在艺术上却拥有独特的优势。这里面有一个微妙的原因。我用才华横溢的意大利散文家帕斯夸莱·维拉里(Pasquale Villari)的话来回答:"文艺复兴初期,著名的雕塑家多纳泰洛(Donatello)①面临的问题仅靠研究古代艺术无法得到解决。古希腊人没有表达基督教精神或基督教情感的方式,追求的只是外在的形式美,他们的本性更简单、更自然、更和谐,大理石就可以充分将其表现出来。古希腊人没有遭受过悔恨的折磨,也没有经历过基督教创造的内心世界。古希腊时期没有苦行者、隐士、殉道者、十字军和游侠,而在多纳泰洛的时代,一切都发生了变化。人类的思维能力得到了提升,因此需要一种新的艺术来表现新的内心世界。的确,基督和圣母的雕像不能以雕刻维纳斯或阿波罗的方式来完成。外在美不再是艺术的唯一目的。此刻的艺术必须表达性格,性格才是心灵的外在形式。充满新的斗争,充满悲伤与不确定性的人类灵魂必须透过大理石的外壳显现出来。这可能吗?如果可能,能到什么程度?这是多纳泰洛面临的问题。"②

---

① 多纳泰洛(约1386—1466),文艺复兴时期意大利雕塑家、画家,出生于佛罗伦萨,代表作品有《大卫》(David)、《圣乔治像》(St. George)等。——译者注

② 帕斯夸莱·维拉里:《历史和批评的研究》(Studies, Historical and Critical),第258页。——原注

帕斯夸莱·维拉里的这段话说明，他对古希腊天才的认识太过片面。不过，其中有些观点可以直接帮助我们理解古希腊雕塑。

多纳泰洛所处的中世纪的确是一个阴郁、令人沮丧的时代。教会的精神暴政扭曲了基督福音的美好与仁慈。人为制造的恐怖画面不仅出现在有关地狱酷刑的许多怪诞（对中世纪的人们而言，这绝非怪诞）的描述中，而且在波士顿上演的中世纪戏剧及在伦敦上演的戏剧《埃弗里曼》(Everyman)[①]里也有呈现。《埃弗里曼》把神描绘成一个阴郁的暴君，他控制着一个贪婪无情的教会。为了从永恒的折磨中获得救赎，人们必须将自己一半的财产献给教会。《埃弗里曼》放大了对死亡的恐怖。对人为制造的恐怖，古希腊人并不陌生。对恶人的惩罚，更不用说对坦塔罗斯(Tantalus)[②]、伊克西翁(Ixion)[③]及其他人的惩罚，构成了埃琉息斯秘仪(Eleusinian Mysteries)[④]的一部分，但它们绝不会在日常生

---

① 《埃弗里曼》，即《人性的召唤》，15世纪晚期的一部道德剧，该剧通过寓言性的人物来审视基督救赎的问题。——译者注

② 坦塔罗斯，希腊神话中的人物，宙斯之子。他藐视众神的权威。他烹杀了自己的儿子珀罗普斯，邀请众神赴宴，以考验他们是否真的通晓一切。宙斯震怒，将他打入冥界。——译者注

③ 伊克西翁，希腊神话中的人物，曾向狄奥尼斯求娶其女儿，却未支付彩礼并将狄奥尼斯杀死。宙斯宽恕了他，但他后来又追求赫拉，被宙斯施以火轮之刑。——译者注

④ 埃琉息斯秘仪，是古希腊最著名的秘密宗教仪式，为古希腊时期埃琉息斯的一个秘密教派的年度入会仪式。该教派崇拜得墨忒耳和珀耳塞福涅。——译者注

活或艺术中占有一席之地。雅典公众如果因《米利都的陷落》把古希腊人的民族痛苦呈现出来而处罚诗人普律尼科司一万德拉克马[①], 那么又怎么会不惩罚《埃弗里曼》的作者呢? 《埃弗里曼》的作者让死亡之日充斥着黑暗和恐怖, 将诸神贬为对人类的脆弱毫无怜悯之心的残忍暴君。

我认为, 除了人为制造的恐怖产生的阴郁, 在人类生活的重大问题及不可避免的痛苦方面, 与现代人相比, 古希腊人并非没有经验。古希腊悲剧展现的正是人类经受的痛苦。如果帕斯夸莱·维拉里需要证据来证明古希腊人清楚人类内心的恐惧及悔恨的痛苦, 那么我会请帕斯夸莱·维拉里参阅柏拉图《理想国》第八卷或色诺芬《希耶罗》(Hiero)[②]中刻画暴君灵魂的画面。很多描写同类问题的书籍把古希腊人描绘成单纯、快乐、无意识的"成年孩子"。但其实不然, 古希腊人的生活经验丰富[③]、判断力敏锐, 在艺术表达的内容方面掌握得非常恰当。而当古希腊人认为大理石和青铜不应该用来表现悲剧中的暴力情绪及人类生活中的暴力时刻后, 古希腊雕塑就开始走下坡路

---

① 德拉克马, 古希腊和现代希腊的货币单位, 当时流行于多个希腊城邦和国家。——译者注

② 《希耶罗》, 色诺芬的作品, 记录了公元前474年, 发生在锡拉库扎的暴君希耶罗和抒情诗人西莫尼季斯之间的对话。——译者注

③ 比如, 希罗多德在描述薛西斯(Xerxes)和阿尔达班(Artabanus)关于人类幸福易逝的著名对话中表示, 宙斯赐给了人类甜蜜的生活体验, 但我们却发现, 宙斯在向人类施舍这种体验时极不情愿。——原注

了。对现代雕塑家而言，《拉奥孔》(Laocoon)确实是一件值得骄傲的艺术品，但它不会被黄金时代的希腊人认可。《拉奥孔》即使在雕刻技术上特别卓越，也会被菲迪亚斯蔑视。

接下来，我简要讲述一下古希腊雕塑的发展史。经过漫长的"幼年期"后，古希腊雕塑以惊人的速度发展成为完美的"成人"。在波利克拉特斯(Polycrates)和佩里安德(Periander)富丽堂皇的宫廷里，公元前550年的作品仍然显得粗野无力，完全缺乏人们渴望的艺术美。而到了公元前500年，《德尔斐的御者》(Charioteer of Delphi)里的人物已经接近完美，甚至在某些方面，比如手臂和脚的造型和纹理方面都特别完美。五十年后，即公元前450年，菲迪亚斯登上历史舞台。

与艺术的迅速发展相比，艺术的逐渐衰败同样引人瞩目。众所周知，动物的寿龄与妊娠期长短成正比，但古希腊雕塑并非如此。经过几代人的努力，古希腊雕塑逐渐臻于完美，并一直延续到马其顿时代(马其顿时代，希腊雕塑有了诸如《胜利女神像》这样的奇迹)，再到古罗马征服古希腊(如《米洛的维纳斯》)，甚至更晚(梵蒂冈和罗马的拉特兰的博物馆里的技术精湛的雕像，都源于当时[1]的皇后对古希腊雕塑的偏爱)。黄金时代和白银时代的古希腊雕塑是现代艺术家永恒的典范。

古希腊雕塑另一个重要的特征是，如同中世纪的艺术一样，古希腊雕塑开始为宗教服务。为了展现神的形象，为了

---

① 指罗马帝国时期。——译者注

装饰神殿，雕刻家们付出了巨大努力。我还要补充一点，古希腊雕塑从来没有脱离其"姐妹"艺术绘画而独立存在，因为古希腊人总是依赖色彩。这不仅体现在建筑方面，甚至在表现单一的人物形象方面也是如此。古希腊人可能感受到了帕罗斯岛(Paros)或彭忒利科斯山(Pentelicus)[①]大理石的极度寒冷，因而在色彩使用方面极其大胆，用以增强对威严的神的表现力。

值得注意的是，迄今为止，人们在重拾古希腊人坚持的雕像原则的实践方面表现得多么胆小，为之付出努力的人又多么稀少，并且大部分人对这种原则的理解存在偏差。实际上，在彩色木雕领域，12世纪的雕塑家取得了不俗的成绩。当时，位于不伦瑞克(Braunschweig)的狮子亨利(Heinrich der Löwe)大教堂里的国王雕像和主教雕像是最引人瞩目、栩栩如生的艺术典范。此外，北欧的教堂和博物馆里还有更多典范。[②]因为经年累月地受到空气湿度的影响及与黏土接触的缘故，文艺复兴时期发现的古希腊、古罗马雕像的颜色都消逝了。这似乎误导了文艺复兴时期的雕塑家，使他们以为古希腊雕塑全是用最纯净的白色大

---

① 彭忒利科斯山，位于雅典附近，以出产精美的白色大理石而闻名。——译者注

② 吕讷堡(Lüneburg)、维斯马(Wismar)、罗斯托克(Rostock)等城镇的古老教堂里，最引人瞩目的，莫过于木雕作品上用于装饰各种小教堂及高高祭坛的十字架。主要人物都是高浮雕，站在主要人物面前的人群雕刻清晰，色彩丰富，还镀了金。在中世纪艺术中，雕刻师也许在呈现痛苦主题方面取得的成功是最辉煌的，唯有位于第戎(Dijon)的勃艮第公爵(Dukes of Burgundy)宏伟的墓可与之匹敌。——原注

理石雕刻而成的，以为古希腊雕塑只注重形式而摒弃颜色，所以画廊里充斥着冷冰冰的雕像。最近，在伦敦皇家学院的展览中可以看出，冷冰冰的雕像开始让位于用色考究的雕像，雕刻材料甚至换成了其他材料而非大理石。无论怎样，古希腊雕塑家是现代雕塑家的导师。如今，人们可以毫不犹豫地信赖古希腊人坚持的雕像原则。即使是青铜雕像，古希腊人也极其渴望使用色彩。即便是人物的眼睛，古希腊人通常也会用黑白两色来表现。

现在，我来谈谈古希腊雕塑的构图原则。我认为，像我这样的讲座，关注一般原则要比强调细节好。古希腊雕塑最先刻画的形象当然是神，然后才是人。不过，直到古希腊人开始使用雕带和山墙饰①来装饰建筑，石头雕像或木头雕像的构图才为人所知。一排坐着的人像庄严地矗立在米利都古老神殿的入口，就像一排狮身人面像守卫着通往埃及神殿的入口一样，但米利都古老神殿入口的人像排列没有任何构图。正如前文所述，雕塑家运用艺术来装饰建筑物的风尚兴起后，构图才开始发挥作用。构图主要有两种形式。第一种是三角形的山墙饰，它填充屋顶两端敞开的区域或山墙及沿着墙壁的装饰带。正如韵律会束缚诗人一样，山墙的形状(一个非常扁平的三角形，顶角呈钝角)也

---

① 山墙饰，建筑横梁上的一种装饰形式(通常为三角形)，早在公元前600年就出现在古希腊建筑中。山墙饰屋顶在古希腊神殿中很常见。——译者注

限制了雕塑家的创作。不过，就如韵律的枷锁在诗歌中制造了惊人的效果一样，空间的局限性也为古希腊雕塑家的诗意发挥提供了动力。学界最近发现，前波斯时代的帕特农神殿的山墙上甚至也存在构图，那是巨大的蛇形怪物雕像，还饰有颜色。山墙饰构图臻于完美时期时，雕塑家在神的两侧对称设计了引人瞩目的神话事件图，其中，与其他角色相比，神的形象更宏大，神态更平静。山墙饰的锐角处，优雅躺着的人物暗示着不同的自然现象：河流、日出和日落，这营造出一种平和、静谧的气氛，悲剧就常常发生在这种气氛中。[①]

在模仿古典建筑时，许多欧洲雕塑家刻意追寻对称而富于变化的构图，不过我找不到一个合适的例子与古人的作品进行直接比较。现代人拥有古希腊人不具备的资源，但所有现代科学资源、所有对古老杰作的研究都不足以激发现代人天才般的灵感。就像试图模仿原始人用木棍来生火的文明人一样，现代人的一切努力都是徒劳的。[②]

古希腊雕塑创作的第二种最受欢迎的构图形式，是用一系列人物雕像装饰长而平的建筑表面，其中，帕特农神殿的

---

① 在帕特农神殿东边山墙饰的左角，马头雕像在日出时好像冒着白沫。这一看似动态的景观打破了山墙饰棱角处的宁静，而塞勒涅(Selene)的马匹的沉着冷静更突显了这一动态景观。——原注

② 这是我儿子提供给我的第一手资料。我儿子在所罗门群岛待了几年，他曾多次目睹当地人使用原始手段生火，而欧洲人拼尽全力，也从未有人生火成功。——原注

雕带最为常见。现在，人们从德尔斐(Delphi)，特别是锡弗诺斯(Siphnos)金库中看到的一排长长的人物雕像，这种形式源于菲迪亚斯。

一排长长的人物雕像到底有什么奇特的魅力呢？共性与多样性的独特结合给人们带来愉悦感。人物雕像的神态和动作有一个大致的范围，雕像中的人将祭品奉献给神，并因此而展现出隆重的场面。每个人的具体表现千差万别：有的骑着腾跃的马，有的牵着安静的牛，有的牵着心神不宁的牛，有的肩上扛着重物，有的正举起地上的重物。一排长长的人物雕像呈现出音乐中称为"一致与差异的和谐"的美，每一个形象都简单完美、谦逊优雅，甚至连雕像细节也完美无瑕，几乎找不到缺陷。雕像位于观众上方，因而雕塑家尤其注重细节的雕琢。人物下肢比上肢稍平，马的四肢比上身稍平，以平衡靠近观众视野的那部分雕像对观众视觉产生的凸显效果。

曾装饰过古希腊城市及古希腊公共建筑的人物雕带早已成为残片。我们无法揣测，如果大部分人物雕带能幸存下来，它们到底会对现代欧洲产生什么样的影响。不过，这种影响也许并不如人们乍一想的那么大。人们难免会将人物雕带与古希腊的其他艺术同其他时代的艺术进行比较。这些留存下来的天才之作并没有激发现代艺术家的创作灵感。许多辉煌灿烂的中世纪建筑一直保存至今，现代建筑师当然不可能只继承古希腊的优良建筑传统，而无视中世纪建筑。在前面，我已讨论过许多类似的事实。只有典范还远远不够，天赋也很重要。无论是个人还是历史进程中的各个民族，天才极其罕见。此外，以年代久远的作品或地域跨度特别大的作品为榜样时，人们可能还会面临一种状况，那就是每个社会赖以存在的氛围不同。不同社会赖以存在的氛围哺育着各自社会里的人与物，同时，不同社会里的人与物也会创造、形成与众不同的氛围。现代艺术家不可能再现古希腊的社会环境，也就几乎不可能再现古希腊精神。古希腊艺术沉睡已久，从此再也没有被人类的智慧唤醒。

第五章　　│　　*CHAPTER V*

·古希腊艺术 (二)：绘画和音乐

GREEK ART —II: PAINTING AND MUSIC

与不朽的建筑和雕塑相比，绘画和音乐属于更主观的艺术，它们的表达载体更加易逝。因而，人们往往会认为，与其他艺术相比，绘画和音乐更不易受到古希腊人的影响。木板或画布上的图画很难经得住岁月的洗礼。[①]至于音乐，乐谱能够传递的信息实在有限，甚至即使在完全理解乐谱的情况下，人们也要在很久之后，才能充分领会古希腊大众曾经感知到的全部意韵。我以自己的亲身体会来说明这一点，英格兰和爱尔兰大教堂有演唱颂歌的传统。早期颂歌很少存有书面记录，教会要么在作曲家在场的情况下演唱该作曲家的颂歌，要么基于作曲家的影响演唱该作曲家的颂歌。颂歌的演唱效果完全取决于唱诗班的品味或唱诗班对作曲家意图的理解。比如，约翰·布洛(John Blow)[②]的颂歌《我看到了，瞧！一大群人》(*I beheld and lo, a great multitude*)创作于1680年，那是查理二世(Charles II of England)统治时期。此后，各个教堂的唱诗班，包括都柏林的唱诗班都纷纷演唱。很久以前，都柏林就有一所优秀的教会音乐学校。《我看到了，瞧！一大群人》是都柏林最动人、最有戏剧色彩的颂

---

① 令人震惊的是，学者在1世纪和2世纪的埃及木乃伊棺上发现了绘有死者肖像的嵌板。——原注

② 约翰·布洛(1649—1708)，英国巴洛克风格作曲家、管风琴演奏家，1668年被任命为威斯敏斯特教堂的管风琴家，1685年被任命为詹姆斯二世(James II)的私人音乐家，1687年成为圣保罗大教堂(St. Paul's Cathedral)的唱诗班主，1699年被任命为皇家礼拜堂的作曲家。——译者注

歌之一，因为唱诗班在演唱它时，对时间控制的自由度很大。碰巧，我也观看了牛津莫德林学院(Magdalen College, Oxford)非常优秀的唱诗班演唱《我看到了，瞧！一大群人》。每年万圣节(All Saints' Day)，莫德林学院都会演唱这首颂歌。令我震惊的是，莫德林学院的唱诗班只是照着歌词演唱，而没有进行一点儿自由发挥，因而演唱效果非常糟糕。对一个受过教育、懂得如何欣赏作品内在意韵的人而言，莫德林学院的唱诗班的演唱表现几乎可以说是荒谬不堪。

现代人掌握的古希腊时期的绘画资源并不匮乏：古希腊时期无名工匠创作的壁画向世人展现了当时人的想法；众多保存下来的精美陶器再现了希腊神话及古希腊人的生活；人们也能通过评论家获取大量有效信息。即便这些途径传达的信息还不够充足，并且其中可能夹杂着一些无能批评家的所谓"研究成果"，但与古希腊音乐相比，古希腊绘画提供的信息要明确得多。不过，古希腊绘画黄金时代的相关资源也仅限于此。那些壁画，要么出自史前宫殿，要么来自古希腊古罗马时期的房屋。人们如果想了解古希腊绘画的黄金时代，就不能满足于现存的稀缺、零星的作品，而必须开展全面的研究。全面研究将为人们的判断提供更坚实的基础，人们根据庞贝壁画来对已遗失的杰作做出推测性判断的行为，就如试图根据塔纳格拉

(Tanagra)[①]及其他地方的陶俑[②]来对已经遗失的所有雕塑杰作做出判断一样，极不可靠，那我们还能相信大理石和青铜雕像的造型绝对完美的推论吗？

成功的绘画作品必须具备两种美学特征：形式感和色彩感。如果一件作品不能自然而然地展现出形式感和色彩感固有的美，那么无论这件作品的创作技巧多么高超，都不能算是完美的作品。前文我已经讨论了古希腊的建筑和雕塑。毋庸置疑，在形式感方面，古希腊作品的地位至高无上，难以企及。那在色彩感方面，古希腊作品的表现怎么样呢？关于这一点，学界出现了不同的声音。首先，在描绘古希腊生活的画面时，荷马时代的诗人对色彩使用特别模糊、混乱。人们过去甚至常常认为，这是因为荷马的失明及荷马时代的诗人没有明显的色彩感。我记得威廉·尤尔特·格拉德斯通就向我提到这种认为荷马时代的诗人导致作品没有明显色彩感的观点。威廉·尤尔特·格拉德斯通根据查尔斯·达尔文(Charles Darwin)的研究认为，就连昆虫都有非常好的色彩感，用以指引方向，所以认为荷马时代的诗人没有明显的色彩感的观点便十分荒谬。一时间，我和威廉·尤尔特·格拉德斯通难下定论，因为现代人具备的各

① 塔纳格拉，位于希腊雅典北部，因1874年发现的大量造型精美的铸造赤土陶俑而闻名。——译者注
② 这些陶俑的仪态大多很优雅，但几乎都存在一些造型上的缺陷。——原注

种器官的功能并非以同样的速度进化而来, 在敏锐度上, 它们的进化也并不同步。人类进化的过程中, 可能不需要敏锐的色彩感, 而昆虫的色彩感则可能是昆虫进化必需的。在某些方面, 比较低等的生物在感官和智力方面可能比高等的生物发达得多。众所周知, 荷马之前的几个世纪里, 古埃及人至少拥有十个不同的颜色词汇。这倒不是因为古埃及人能够更清楚地感知颜色的差异, 而是因为在工艺美术中, 古埃及人发现了不同的色调, 并为这些不同色调的颜色起了名字。即使是现在, 为新色调命名的不是诗人, 也不是艺术家, 而是女裁缝。我年轻时, 女裁缝用语中存在两种不同灰色色调的表达, 即老鼠灰(gris de souris)和深老鼠灰(gris de souris poursuivie)。只有那些以贸易为目的的人, 才会更细致地区分颜色, 因此, 色彩感的缺乏并不限于古希腊人。更重要的是, 古希腊早期画家通常只使用红色、蓝色、白色和黄色等少量几种颜色, 并且在我看来, 古希腊神殿的装饰图案也显得简单、原始。

这似乎与风景画的图景感发展相一致。公元前5世纪, 阿加萨霍斯(Agatharchus)[1]发现了在平面上使用线条和颜色再现透视图的原理。然而, 阿加萨霍斯有关阴影绘画的书, 似乎只是一

---

[1] 阿加萨霍斯, 公元前5世纪希腊画师, 萨摩斯人。据维特鲁威所说, 阿加萨霍斯发明了场景画。不过亚里士多德提出, 场景画最初由索福克勒斯引入。一些作家, 如卡尔·沃尔曼(Karl Woermann)认为, 阿加萨霍斯将透视和幻觉引入了绘画。——译者注

部用于辅助创作舞台幻象的场景画的作品。古希腊艺术家似乎没有表现外部自然界(external nature)的需求，因为他们用居住在山川的神的形象来代表山川，并将神拟人化。帕特农神殿的从海上升起的马头形象代表白昼将至，奥林匹亚神殿的山墙饰里优美的仙女形象象征着山墙上雕刻的故事发生的场景。从梯林斯粗犷的壁画到庞贝城的房屋装饰，纵观整个古希腊绘画史，我发现古希腊艺术家都不曾涉猎风景画，因此，在古希腊人不曾领先的为数不多的几个领域中，现代艺术家几乎可以自诩为风景画的先师。

至于在肖像画与神话或现实生活有关的场景画方面，情况就完全不同了。在肖像画与神话或现实生活的场景画有关的领域，古希腊天才对文艺复兴时期的艺术家产生过巨大影响。不过，古希腊雕塑、浮雕作品与赫库兰尼姆(Herculaneum)[①]、庞贝及其他遗址里少数几件真正的绘画作品联系紧密，因而要理解古希腊绘画对现代艺术家产生的影响并不容易。无论如何，讲述或颂扬神话主题的作品一旦闻名于世，便肯定会影响像桑德罗·波提切利(Sandro Botticelli)[②]这样感性的艺术家。如果说古希

---

① 赫库兰尼姆，位于意大利卡帕尼亚区的古城，公元79年因维苏威火山爆发而被摧毁。此次火山爆发令附近的庞贝古城也同时被摧毁。不过赫库兰尼姆被火山灰掩埋得够深，城内建筑保存良好。——译者注

② 桑德罗·波提切利(约1445—1510)，文艺复兴早期佛罗伦萨画派艺术家，创作题材包括神话题材、宗教题材等，最著名的作品是《维纳斯的诞生》(The Birth of Venus)和《春》(Primavera)。——译者注

腊绘画作品的缺乏导致人们不能充分理解古希腊艺术对现代绘画的直接影响，那么古希腊艺术对现代画家的间接影响则可以通过两位优雅的现代英国画家的作品体现出来。这两位画家是弗雷德里克·莱顿(Frederic Leighton)[1]和劳伦斯·阿尔玛–达德玛(Lawrence Alma-Tadema)[2]。劳伦斯·阿尔玛–达德玛宣称自己的作品是属于古罗马式的。但我们知道古罗马式的优雅都要归功于古希腊，所以劳伦斯·阿尔玛–达德玛作品的精髓来自古希腊。在弗雷德里克·莱顿身上，这点体现得更明显。弗雷德里克·莱顿最引人瞩目的作品都源自古希腊生活或古希腊传说。弗雷德里克·莱顿对"美"的概念都源自古希腊雕塑。我曾到弗雷德里克·莱顿位于肯辛顿(Kensington)的工作室进行拜访。弗雷德里克·莱顿的工作室里全是古希腊雕塑的复制品。弗雷德里克·莱顿热情洋溢地说，他的全部艺术成就都归功于这些无与伦比的模特。

由于现存的古希腊绘画作品比较匮乏，后人便充分利用古希腊花瓶上的绘画。其中，一些花瓶上的作品水平特别高超。从古希腊花瓶上的绘画作品中，劳伦斯·阿尔玛–达德玛获得了

---

① 弗雷德里克·莱顿(1830—1896)，英国学院派画家、雕塑家，皇家艺术研究院院长，其作品题材包括历史、圣经和古典题材。——译者注

② 劳伦斯·阿尔玛–达德玛(1836—1912)，英国维多利亚时代最受欢迎的画家之一，出生于荷兰，在比利时安特卫普皇家学院(Royal Academy of Antwerp)受训，1870年定居英国。作为一名古典题材画家，他以描绘罗马帝国的奢华和颓废而出名。——译者注

不少灵感。约翰·济慈肯定也从中受到启发，并创作出了优美的颂歌。古希腊天才的丰硕成果并没有消亡，古希腊天才的精神也没有枯竭。在现代人的头脑中，古希腊天才的丰硕成果和精神点燃了一束足以捕捉火焰的微光。

古希腊绘画艺术最初用于装饰，因此，绘画艺术作品多出现在建筑、家具或精美的陶器上。架上画①是为了绘画而产生的。它易于移动，可以陈列在画廊里，也可以挂在宫殿的墙上。随着其他艺术的衰落，架上画应运而生，或者说，至少是在自身完全成熟后，架上画才登上历史舞台。与碑铭家的作品类似，对世人而言，画家作品的精妙更像是智慧的展现。架上画登上历史舞台的时代也是社会堕落的时代。艺术家成了偶像，可以炫耀其自负与粗俗。即使有人认为艺术家只是昙花一现的时髦人物，艺术家也可以对这些人的看法不屑一顾。而历史上流传下来的有关古老画家的闲言碎语，实际上展现出的，常常是现代社会中那些令人痛苦的琐碎。

古希腊音乐是我最感兴趣的话题。不过，我必须努力让那些只掌握了音乐实用知识的人能够理解我的阐述。大多数古希腊艺术史相关著作都将音乐部分略去了。此外，音乐专著中，许多内容深奥难懂、枯燥无味，并且满篇术语，所以对音乐方

---

① 架上画，所有在画架上绘制、便于移动的绘画作品，又叫画室绘画，区别于壁画、插画等绘画形式。——译者注

面的研究，几乎是研究古希腊的普通学生难以企及的。

　　就现存作品而言，古希腊音乐和古希腊绘画的处境相同。学界已经发现一些伴有诗句的乐谱片段；而根据对乐谱的理解，再现曾经的旋律并不是很困难。学界也发现了一两个片段的器乐谱，显然它们是伴奏谱。说来奇怪，这些器乐谱不同于口传的谱号。不过，完整的曲子不见了。在世的音乐家中，没有一个能将曲子完整还原，旋律文本也面临同样的境遇。几年前，人们在德尔斐一处房屋的墙上发现了一首赞美诗。因为墙上有些地方的石头表面破碎了，所以诗句缺失了一两小节。不过，没有一个音乐家愿意担负起弥补这一两小节缺憾的重任。[①]如果这是一首现代音乐作品，人们肯定可以提供两到三个替代方案，也能排除大量不可行的建议，但这种做法不适用于古希腊作品。如果说古希腊的作品难以取悦现代人，那只是因为古希腊的作品不符合现代人的欣赏品味而已。现任教皇为了排斥现代音乐而下令在罗马天主教堂中使用的音乐就是如此，难以取悦很多人，甚至包括你们中的一些人。

　　迄今为止，现代人都难以理解古希腊音乐。然而，在其他艺术门类中，现代人最容易理解的莫过于古希腊风格的作品。古希腊风格的作品是最佳、最易懂的模型。艺术高度发达的民族是否有可能在某个领域有所欠缺呢？在大多数领域，现代日

---

① 曾有几次无知而随意的尝试，试图用现代和声来重现它。——原注

本的艺术作品都非常优秀，全世界对现代日本取得的成就都很欣赏。但日本人承认，至少我听过一位非常有智慧的日本人承认，日本音乐作品的水平远低于欧洲。如果从音阶①的差异看，古希腊音阶或者至少是全音音阶②，是现代欧洲音阶的鼻祖。

既然现存的古希腊音乐片段为现代人提出了一个亟待解决的实际问题，那我们就来看看古希腊人及其著作能为我们带来什么启示。首先，古希腊人普遍钟爱音乐。当时，没有音乐素养的人甚至比威廉·莎士比亚笔下"灵魂中没有音乐的人"更糟。古希腊诗歌，甚至连荷马史诗都是配乐朗诵的。抒情诗人不只是诗人，也是音乐家。杰出的悲剧家要为自己作品中的合唱曲谱曲。表演时，古希腊悲剧一定更像意大利歌剧，而不是现代人所说的戏剧。其实，理查德·瓦格纳一直努力想把诗歌和音乐结合在一起。不过，一个在诗歌和音乐两方面都有天赋的人实属罕见。埃斯库罗斯和索福克勒斯的音乐天赋可能就不如他们在悲剧创作中展现的天赋那样高，就像理查德·瓦格纳的剧作不如他的音乐一样。几乎所有古希腊教育家都认为，每个男孩都应该学习音乐。我们从未听说过古希腊人缺乏音乐欣赏能力，或者说缺乏音乐天赋。过去，我一直对此十分困

---

① 音阶，按照泛音列或音高排列，并因其规律而形成循环的一系列音符。——译者注

② 全音音阶，由六个音级组成的一种平均音阶，音阶中所有音之间的音程都是全音。——译者注

惑。和现在一样，我成长的社会里只有少数人拥有音乐方面的天赋。大多数人既没有歌唱的天分，也没有演奏乐器的天分。人们渐渐地抛弃了那种至少让每个女孩都演奏乐器或歌唱的旧时尚。而这其实会对社会造成不可避免的伤害。现在，只有那些对音乐有着强烈渴望的人才会把时间花在音乐上。新式学校里，唱诗班的教学是首调唱名法^①。我从新式学校里最优秀的老师那里得知，不能欣赏音乐或唱得不合拍的情况特别罕见。这种认知是否提供了一种可能，即孩子们都应该接受音乐教育，从而创作并欣赏好的音乐。如果果真如此的话，这将再次证实，古希腊人为现代人树立了一个绝佳典范，而我们的老一辈人完全缺乏古希腊人的智慧。

古希腊教育家明确认识到，音乐对普通人的道德能够产生直接而有力的影响。所以古希腊人认为，让公众普遍学习音乐十分必要，而现代人却没有充分认识到音乐的重要性及学习音乐的必要性。如今，人们认为，认真揣摩古希腊教育家的话至关重要。这种认知完全不同于父辈中广为流传的观念，父辈普遍认为，追求音乐是一种高雅的乐趣，孩子可以免受一些低级的或更有害的娱乐活动的伤害。不过，古希腊人的独特理念是，演奏或聆听某些类型的音乐，无论是有益的音乐还是无益

---

① 首调唱名法，由法国和意大利记谱法发展而来的记谱方式，用唱名 do、re、mi、fa、sol、la、si等表示与一主音关联的音阶中的七个音阶。——译者注

的音乐，都会对心灵产生直接影响。因此，明智的教育者会有选择地去除一些音乐糟粕，而只鼓励具有积极影响的音乐。我很清楚，有些人，特别是伊壁鸠鲁派哲学家对此持异议。伊壁鸠鲁派哲学家认为，上述观点都是胡说八道，音乐不可能具有如此强大的影响力，表演中唯一有益或无益的部分在于文字。[①]但这只能说明，有识之士的观点在被接纳的过程中，并非毫无争议。现代世界的大部分人都赞同伊壁鸠鲁派哲学家的观点，认为音乐本身不会对道德的塑造产生影响。其实，反复演唱爱情二重唱及与戏剧扯上关系可能就有害处，而接触严肃的音乐则可能有益。现代人似乎很难想象，像理查德·瓦格纳的作品这样的音乐可能对道德产生直接影响。因而我希望现代年轻人能够借助古希腊人的智慧，摆脱音乐糟粕的负面影响。这是我一直以来的信念，不是今天或昨天才有的，而是我四十年来坚持的信念。这个信念源于柏拉图，更在与音乐和音乐家的频繁接触中得到强化。

接下来，我们一起来看一个值得关注的事例。初次聆听理查德·瓦格纳的《特里斯坦与伊索尔德》(Tristan und Isolde)的人几

[①] 这是加达拉的菲洛德穆(Philodemus of Gadara)在《论音乐》(Tract on Music)中提倡的观点。人们在赫库兰尼姆烧焦的莎草纸上找到了大量《论音乐》的残片。伯纳德·派恩·格伦费尔(Bernard Pyne Grenfell)和阿瑟·瑟里奇·亨特(Arthur Surridge Hunt)最近发现并公布了另一件类似作品的残片。——原注

乎都会认为，这是一首通过情感丰富的音乐来传达极不道德的主题的作品，是对通奸的艺术美化。我甚至相信，那些清醒的人一定会阻止孩子欣赏《特里斯坦与伊索尔德》，就像他们努力劝阻孩子不要阅读不道德的小说一样。很久以前我就认为，理查德·瓦格纳受道德失范的影响，这才创作了《特里斯坦与伊索尔德》。除了歌词，《特里斯坦与伊索尔德》意在表达理查德·瓦格纳对罪恶的渴望与失望。仅在一两年前，一位女士去世后出版的书信证实了我的想法。这位女士在信中表示，实际上，《特里斯坦与伊索尔德》中几句有关相思的语句，是理查德·瓦格纳写给她的，因为她在理查德·瓦格纳心中唤起了一种她还不够邪恶的激情。

我知道，有些人认为，像拿破仑·波拿巴或理查德·瓦格纳这样的天才为这种不道德的行为提供了正当理由，或者至少是借口。你们已听说过很多关于超人的讨论，在我看来，当涉及他人的权利时，"超人"似乎不如人类。真正的超人不是情绪的奴隶，不会以牺牲他人为代价来满足自己的情绪需求。真正的超人单纯，知晓周围人的弱点并帮助他们。加拉哈德爵士(Sir Galahad)[①](而不是兰斯洛特爵士[②])就是骑士精神的典范。

兰斯洛特爵士：

———————————

① 加拉哈德爵士，亚瑟王传说中的圆桌骑士之一，兰斯洛特之子。他在亚瑟王朝中的地位独一无二，只有他最终寻得圣杯下落。——译者注
② 兰斯洛特爵士，亚瑟王传说中的圆桌骑士之一。——译者注

他那来源于不名誉的名誉依然如故，

而那并不诚实的诚实保持着虚伪的忠诚。

加拉哈德爵士：

我的力气相当于十个人的力气，

因为我的心是纯洁的。

如果说人们普遍认为古希腊音乐存在有益或无益的影响，那是因为古希腊音乐与现代人追求的音乐在标准上完全不同，因此，推断现代人追求的音乐也具有类似影响的结论将不可靠。有一点已经得到证实，即实际遗存下来的古希腊音乐，虽然在字面意义上清晰易懂，却不适于表达现代人的音乐情感。现在，我们必须从实践回到理论，并证明尽管存在诸多困难，古希腊音乐仍是现代音乐的源泉和先驱。音乐的简单性不是其对情感影响很小的原因，恰恰相反，它可能正是大多数人对音乐感受更深刻的原因。现代音乐的复杂性往往使之远离大众的情感，使其影响仅局限于受过专门训练的音乐人士这一特殊阶层。古希腊人没有给后人留下任何实用的音乐作品，也没有音乐评论，更没有比较过不同音乐艺术家或不同乐器对听众的影响。人们只发现了一些显而易见的特点，比如，长笛比竖琴更能带动人的情绪。柏拉图曾抨击纯器乐，他认为，纯器乐比有伴奏的声乐更能带动人的情绪，因此可能更有害。可见，柏拉图并不认为歌词更能影响人的感情。深入研究现代音乐的人会赞同柏拉图的观点。他们觉得，比起其他声乐作品，贝多芬的交响曲激发的情感更微妙。也正是因为比起其他声乐作品，贝多芬的交响曲(除了接近管弦乐队丰富的八声部音乐)更微妙，所以产生的影响更深刻、更持久。

　　现存的古希腊乐谱都是理论性的，只重视音乐的理论基础，而不关注音乐在实践中的应用。根据现存的古希腊乐谱可知，当时的音乐创作者曾努力解决的第一个问题是确定音乐创作的适当音阶，而这并非易事。如今，这个问题也交到了现代人的手中。你们如果认真聆听那些没有遵循古希腊原则的音乐及那些喜爱古希腊风格人士的音乐，便会立刻觉察两者之间的差别。我清楚记得，在匈牙利，我曾费了好大的劲儿，才说服匈牙利的一支吉普赛乐队为我演奏吉普赛人自己的东方音乐(吉普赛人常常私下演奏自己的音乐)，而非匈牙利音乐(吉普赛人以演奏匈牙利音乐而出名)。由于音阶的缘故，我完全听不懂吉普赛人的东方音乐。吉普赛人的东方音乐，在八度音阶[①]内似乎有十三四个音符。在早期的一些音阶中，古希腊人使用四分音及对现代人而言既奇怪又不舒服的音程[②]。经过一番探索与迟疑，古希腊人最终确

---

① 八度音阶是指在八度内使用"全—半"或"半—全"分隔的八度音阶。——译者注
② 音程，特定乐音体系中，两乐音之间的距离。——译者注

定了全音音阶。全音音阶成为古希腊音乐的基础，并成为现代音乐的基础。比起现代人，古希腊人使用的音阶更具多样性。现代人满足于大调和小调的变化，并以同样的顺序重复同样的音程。这种情况使现代音乐和古希腊音乐比起来，只是音高上略有不同罢了，而音高的差异又因现代音律而稍作调整。古希腊人认为，两个半音程的位置更重要。除了音高，音阶的质量(quality of the scale)取决于音程的变化。我必须重申，现有音乐论著绝对科学，但不够实用，因此，在一个面向普通大众的讲座中，我无法分析这些论著。毕达哥拉斯学派(Pythagoreans)很早就发现了协和和弦①的科学基础及协和和弦与不协和和弦的区别。毕达哥拉斯学派发现，人耳将八度、五度和四度识别为协和和弦。在振动弦1∶2、2∶3及3∶4的分割点处停止振动，即可产生协和和弦。我认为，这极大地强化了毕达哥拉斯学派的著名理论，即数字关系是宇宙的核心理论。如果以毕达哥拉斯学派的理论衡量，现代人最喜欢的大三度不是协和和弦。大三度的划分比例(即4∶5或5∶6)更复杂。的确，如果在现代乐器上将大三度调到两个全音的全高，声音听起来会很尖锐，令人很不舒服。正如在大多数细节上一样，在这一点上，现代人可以理解古希腊人的理论。亚里士多德表示，音阶的中间音符是旋律经常重

---

① 协和和弦，对和弦进行分类的一种方式，全部由协和音程组成的和弦为协和和弦。——译者注

复的音符。显然，亚里士多德是在谈论无伴奏的旋律。现代音乐中，许多旋律围绕主音上下移动。在这些情况下，主音便很好地代表了音阶的中心音符。

总的来说，我认为，某种程度上，古希腊音乐与现代音乐相似；对人的道德，古希腊音乐能够产生直接、有力的影响。鉴于古希腊艺术其他领域都特别有现代气息，古希腊音乐是否也是如此呢？我觉得，古希腊音乐能够为教育家带来的思考特别深刻。例如，研究乔治·弗里德里希·汉德尔(George Friedrich Handel)、阿尔坎杰罗·科雷利(Arcangelo Corelli)及乔瓦尼·皮耶路易吉·达·帕莱斯特里纳(Giovanni Pierluigi da Palestrina)的作品是否会对人产生强大的影响？不过，研究弗雷德里克·肖邦(Frédéric Chopin)、朱塞佩·威尔第(Giuseppe Verdi)甚至贝多芬(Ludwig van Beethoven)及他们展现的模糊的世界观，即没有得到满足的渴望、失去理智的不满、悬而未决的和谐，也许并不会直接助长现代社会的恶习。其实，在英联邦的时尚城市中，现代社会的恶习并不少见。

现在，我来谈谈古希腊的家具和装饰。你们会发现，在这个领域，古希腊人为现代人提供了许多绝佳的理念。

遗憾的是，古希腊最好的时代的城镇还埋藏在熔岩或地震造成的废墟下，世人未曾见过其真容。早期毁于地震的城镇，即使像安条克(Antioch)废墟上面的巨大岩石被清理后，人们才有可能发现一些装饰华丽的房屋。然而，到目前为止，我不知道除了提洛岛(Delos)，人们能否找到更多明确的证据，可以证明古希腊的房屋墙壁装饰、家具与庞贝城、赫库兰尼姆城的一样。在一个半世纪里，人们发掘了庞贝、赫库兰尼姆城。这两座城距那不勒斯的波佐利(Puteoli)很近。西塞罗非常熟悉那不勒斯，认为那不勒斯本质上就是一座古希腊城市。自托勒密二世与古罗马人交上朋友的几个世纪以来，波佐利一直是亚历山大的奢侈品贸易的重要港口。古希腊艺术家经波佐利踏上意大利南部海岸的土地。伊希斯(Isis)[①]崇拜及朱鹭和鳄鱼频繁出现在设计中，表明古希腊艺术家受到埃及作品的影响，就像拿破仑·波拿巴在埃及取得辉煌成就时，法兰西"帝国"的工人闻到了古埃及的气息一样。

虽然孩子们在墙上用拉丁语乱涂乱画，但那些住宅里的家具、装饰仍都是古希腊风格的。这些古希腊风格的家具、装饰能为现代人提供一些关于古希腊住宅内部布置的参考。此外，我还要补充一点，文艺复兴时期，在罗马发现的遗迹影响了当时欧洲人的品味。欧洲人直接根据遗迹风格进行房屋装饰，这种风气一直持续到了今天。

---

① 伊希斯，古埃及神话中的生命女神，伊希斯崇拜后来传遍整个希腊—罗马世界。她被奉为理想的母亲和妻子、自然和魔法的守护神。——译者注

· 科学：语法——逻辑——数学——医学

古希腊科学涉及严密推理，特别是演绎推理，如纯数学，因而古希腊科学不仅只包含通过观察和实验得出的推论。然而，如今从观察和实验中得出的推论常常"垄断"科学领域。我经常在教育课程中看到，科学和数学被当作截然不同的两个领域。这的确是事实，因为所谓的科学常常一文不名。我认为，除了医学，观察科学不属于古希腊人。古希腊人在医学方面的研究成果如今仍然有用。亚历山大的希罗(Heron of Alexandria)①的巨著展现了古希腊人在流体静力学方面的成就。自然史方面，古希腊人为现代科学研究奠定了基础。不过，古希腊人从艺术角度观察人体的看法，即他们对人体组织结构的细微观察而得出的结论，现代人已经无从得知。我已经说过，在人体组织结构方面，古希腊雕塑家表现得非常精确，在他们的作品中，现代解剖学家甚至找不到任何缺陷。这种精确是古希腊人通过仔细的外部观察完成的，因为古希腊人认为，解剖人体的行为是对神的不虔诚，并且非常可怕。只要有一丝可能，他们就会以事实为依据，从中提炼出理论；正是基于这一点，古希腊科学才会具有这样高的价值。毋庸置疑，在逻辑学(推理科学)、算术和几何学(研究空间中线条、图形和实体规律的科学)等领域，古希腊人是现代人的导师。

---

① 亚历山大的希罗(约10—约70)，古希腊数学家、工程师，活跃于亚历山大、罗马和埃及。——译者注

现代人应当以古希腊人为榜样，通过分析普通语言来研究逻辑，把逻辑当作思维的自然表现来探讨。古希腊诗人和散文家完善了语言的使用。据史料记载，古希腊人非常重视演说，并乐在其中。他们认为，其他语言原始粗鲁，而希腊文字则充分展现了语言表示的事物的性质，所以只要正确理解了希腊文字，就能把握事物的本质。Aóyos不仅指言语(oratio)，也指理智(ratio)。古希腊人先理解抽象的概念，再分析句子的结构。他们对言语的分析方法十分准确，使古希腊的专业术语沿用至今。"不定式""所属格""分词"等拉丁语都是从古希腊语翻译过来的。而在术语翻译过程中，常常出现误译。在柏拉图的《对话录》中，你们可以发现，逻辑研究已经处于起步阶段，但这绝不是逻辑研究的雏形。柏拉图的《对话录》通过对话的形式，确定了重要的道德术语，如圣洁、勇敢、节制等术语内涵。一些对话也展现了对简单命题的形式、肯定或否定的意义及从一个命题推演到另一个命题的性质的理解。

这里，我不需要向你们详细介绍人类历史早期的科学准备工作。亚里士多德的著作中包含许多关于从逻辑角度分析言语的论述及关于形式思维规律的论述。亚里士多德的论述准确、完善。据说，是他发现了上述法则并将之系统化。然而，事实并非如此。亚里士多德之前已经出现了许多尝试性的文章。如果要列举一项让亚里士多德名垂青史的成就，那么一定是他对"推理"理论的处理。

中世纪的大学深知"推理"的重要性，欧洲现代大学也是如此。我认为，没有什么比在十四岁时将一套好的逻辑知识交到自己手里更能唤醒自我的了。这说明了普通逻辑学的重要性。我经常教授逻辑学，并目睹逻辑学对数百名聪明的年轻人产生的影响。逻辑学课程并非提供单纯的事实，而是训练年轻人调动所学知识、对事实做出判断的能力。我不知道还有什么比学习亚里士多德的逻辑学更能让普通学生受益的了。请允许我补充一点，据我所知，美国教育最严重的缺陷就是对亚里士多德的逻辑学不够重视。因此，你们许多人无法区分合理的观点与不合理的观点，更无法指出不合理的观点的不合理之处所在。

如果我说出一个典型的事例以供批评，我毫不怀疑，除了那些受过高等教育的，很多人都会感到不知所措。比如，"母鸡是鸡蛋孵出来的，而鸡蛋又是母鸡下的，那么鸡蛋能下鸡蛋"这个观点是否正确？如果不正确，错在哪里？你们如果像欧洲年轻人一样接受过逻辑训练，分析这样的问题就没有任何困难。

如果你们没能从古希腊人那里得到这个经验，那么你们的英国祖先能提供更好的建议。中世纪学校的精妙之处在于以古希腊逻辑学为基础，中世纪大学里的辩论也都基于古希腊逻辑学。中世纪的学生常常就看似无用的问题进行争论。不过，你们要知道，正是在争论的过程中，欧洲人接受了精确、微妙的逻辑训练，因而能够权衡模糊和随机的推理，并辩证地批判新的教条。

欧洲人常常评论说，不知有多少宗教狂热理论、多少伪科学理论在美国滋生蔓延、大行其道，尽管住在这片土地上的人们那么精明和智慧。而改变美国现在这种局面最简单的办法，就是让美国人明白，他们之所以容易被谬误欺骗，是因为他们无视逻辑所致。在美国，一本畅销书可以被轻易地随口说出，但任何受过逻辑训练的人只会拿它们来包沙丁鱼或生炉子。

古希腊人虽然喜欢微妙的东西，但并不会在著作中炫耀逻辑。当然，柏拉图的《智者篇》中确实有展示逻辑的例子。严密的逻辑对古希腊人的思想起着重要作用。这一点可以在以下两个方面得到有力证明。首先是文学作品。无论论证哪个领域的问题，政治问题、社会问题或者宗教问题，古希腊人的推理都是那么清晰、易遵循。当然，他们的推理往往从传统信念(traditional beliefs)入手。现在，传统信念可能还无法得到普遍认同，但古希腊人总是凭着清晰的思维，根据传统信念进行推理。正因为如此，古希腊优秀的文学作品才得以流传，其中蕴含的完美思想使作品远离奢靡之风，并被各年龄段、各民族的有识之士接受。其次是我今天的主要话题：正是古希腊数学独特的逻辑特征，使古希腊科学成为世界科学思维的典范。

我们先回到古希腊科学的初创时期，暂且不谈形而上学的思想家。对这个话题，我将在另一章进行谈论。我可以有把握地说，毕达哥拉斯学派的学者是最早的一批数学家。毕达哥拉斯学派非常重视算术，认为数字是宇宙的本质。如果你们认为毕达哥拉斯学派的理论只是无稽之谈，那么我可以告诉你们，我经常听到同事(他们都是现代科学界的杰出人物)讨论一个至今仍适用的理论，即物质宇宙一直处于运动之中。这些推测的根源在于形式和物质、确定和不确定之间的根本区别。毕达哥拉斯学派看到了一个永恒的真理，那就是人们只有凭借自己对空间和时间的直觉，并用抽象概念来解释这些直觉，才能理解自然界中存在的各种现象。勒内·笛卡尔(Renatus Cartesius)早期预测，整个宇宙都可以简化为由代数处理的数学关系。本质上，代数只是一种非常抽象、概括的算术。如果世界上的一切彼此之间都是由算术关系来连接，如定比定律[①]就是其中最明显的例子，那么数字科学必定是每个科学工作者应具有的重要资本。

　　希腊语将"算术"严格定义为一门纯粹的科学，而"逻辑"则指客观规则的运行。当然，古希腊人提出的所有假设都是建立在数字理论的基础上，这使科学成为可能。我的意思是说，用于计算的数字单位同一化，不考虑同一数字单位中个体的差异。

　　古希腊数字理论将不同个体的差异抽象化，就像当我说现场的听众有五百人时，我就没有考虑现场各位听众之间的差异。正是由于假设每个单位之间存在一个理想、精确的同一

---

① 定比定律，化学术语，也叫普劳斯特定律，指任何一种化合物的组成元素的质量比例总是固定的，与化合物的来源无关。——译者注

性，比如数量，在算术上，几何定理的表达才成为可能。

$3^2+4^2=5^2$不仅适用于数字，也适用于线条，但只有当每条线的测量单位完全一致时，这个等式才成立。

从第一个假设开始，毕达哥拉斯学派便开始推测人类使用的自然单位的特点，并从中推导出各种定理。毕达哥拉斯学派认为，这些定理可能会解答自然界的秘密。从一开始，毕达哥拉斯学派就被奇偶之间明显的反差打动。不过，柏拉图将奇偶差异视为自然界的基本区别。毕达哥拉斯学派要是知道几千年后的科学家会发现动物之间最原始、最基本的区别就建立在奇偶差异上(我在这里是指希腊语中的偶蹄动物和奇蹄动物)，那一定会说，他们对此并不惊讶，因为他们学派的算术早已把奇偶差异当作自然规律了。如果要列举一个例子，来说明毕达哥拉斯学派如何处理数字科学，那么我会举例如下：奇数连续相加形成了偶数与奇数序列的平方。[①]偶数连续相加则不会得出类似结果，而是偶数连续相加等于连续数的乘积，如$2+4=2×3$，$2+4+6=3×4$，$2+4+6+8=4×5$，$2+4+6+8+10=5×6$……以此类推。上述等式中，等号后面的结果如果用线条表示，就形成了长方形。可以说，毕达哥拉斯学派正是由于发现了直角三角形的边与底的关系，才偶然发现了无理数。如果直角三角形两边边长都等于1，

---

① 即$1+3=2^2$；$1+3+5=3^2$；$1+3+5+7=4^2$……以此类推。——原注

斜边则等于√2。√2不是整数，这本身就是一个问题。[1]

毕达哥拉斯学派的所有研究成果，历经柏拉图和亚里士多德的时代，并如人们从欧几里得(Euclid)和亚历山大的赛翁(Theon of Alexandria)那里了解到的一样，一直传到了亚历山大。毕达哥拉斯学派对数字10和12十分重视，这体现在它普遍采用十进位计数法和十二进位计数法上。

你们可能会问：古希腊人使用的数字符号是什么？关于这一点，我现在可以给出一个非常明确的答复，不过，我的回答可能会使我们偏离主题，因为早在希腊黑暗时代[2]，古希腊人使用的数字符号便已消失，并被阿拉伯数字取代。如今，人们

_____

[1] 亚里士多德甚至也提到一个算术定理：正方形的边与对角线的比值也不可能是整数。

如果正方形的边与对角线的比值是整数，那么其中一个是偶数，另一个则是奇数，否则两个数都能被2整除。如下：

假设正方形的边长为a，对角线长为b，那么$b^2=2a^2$，由此可见，a是奇数，b是偶数。

假设$b=2c$，那么$4c^2=b^2$，$2c^2=a$，由此可见，a是偶数，b是奇数。那么，这就前后矛盾了。——原注

[2] 希腊黑暗时代，又称作"荷马时代"或"几何时代"，指公元前1100年左右迈锡尼文明覆灭到公元前750年左右第一个城邦建立的历史时期。考古显示，公元前1200年后，地中海以东的青铜文明经历了一次大毁灭。——译者注

只知道，古希腊人会使用非常实用的十进制计数法，并且这套计数法以字母表中的字母为基础。公元前5世纪的文字中，几个早已废弃的文字作为符号而被重新使用。这个现象表明，早在毕达哥拉斯时代，这些字母就已经存在。F(Digamma)表示6，腓尼基字母表中的Q(Koppa)表示90。现在，我们还可以在洛克里斯(Locrian)铭文中找到Q。腓尼基字母ϡ(Sampi)表示900。通过在埃及莎草纸上发现的大量记录，后人可以充分了解这种简易符号的实际运用。比起罗马计数系统，古希腊的简易计数符号系统能更简洁地表达大量数字，甚至比现今世界上流行的计数系统更简洁。假如你们想表达一个较大的数字，如20050，古希腊人表示为$_{MN}^{β}$；47678表示为$_{MZXOH}^{δ}$；再比如800000=10000×80=$_{M}^{π}$。这些都是实际应用问题，如果没有简单的符号系统，那么即使最具科学精神的思想家也无法取得什么较大的成就。[3]

古希腊人下一个巨大的成就是把数学作为空间科学。数学从纯代数研究过渡到包含几何研究的学科，并表明代数和几何在多大程度上受相同规律的支配。

如果说后人不了解代数的起源，那么在几何方面，后人就幸运得多了。在几何方面，古希腊人是现代欧洲公认的导师。有可能成书于公元前300年的亚历山大的《几何原本》(*Elements of*

---

[3]　想要进一步探讨这个主题的读者，可以在约西亚·吉尔巴特·斯迈利(Josiah Gilbart Smyly)的论文中找到最好的阐述。——原注

Euclid），几乎总结了当时几何领域的所有发现，其中肯定有欧几里得的许多新发现。显然，《几何原本》是基于前人的研究写成的。《几何原本》中对柏拉图讨论的正多面体的可能数量，欧几里得也一直在探讨。这个问题的解决方案成了《几何原本》的高潮。欧几里得以极其精确的方式建立起自己的整个学说，其论证过程几乎找不到任何缺陷。

欧几里得是如何做到如此完美的呢？他的论证形式并不表明他的演绎与前辈亚里士多德的逻辑密切相关。不过，他很容易从亚里士多德那里获得严格的演绎科学的全部理念。演绎科学根据尽可能少的原始数据，严格论证了一个又一个命题，并得出推论。现代哲学家常常对欧几里得能如此清晰地演绎几何命题而感到震惊。欧几里得的推论主要分三种性质：第一种是适用于所有科学领域及实际生活的共同观念，如"整体大于部分"；第二种是人们根据对空间的直觉得出的公理，如"两条直线不能形成一个立体空间"；第三种是非常简单的假设，如尺子和圆规的使用。此外，欧几里得仔细界定了一些定义。不过，这些定义看起来晦涩难懂，因为它们只适用于纯粹空间直觉中的理想建构，而没有考虑到实际缺陷。欧几里得所谓的"点是没有部分的"，并不是说点什么也没有，而是指点是空间中只有位置没有大小的图形。欧几里得表示，可以从任何一点到另一点画一条直线；通过一点，有且只有一条与某一直线平行的直线，这叫"平行线假设"。"平行线假设"的提出，受到了直觉的启发。没有直觉，在空间科学上，人们就无从下手。此外，叠加法可以证明，如果两个三角形的某些尺寸相同，则它们一定完全重合。

不过，我并不打算向你们讲解《几何原本》。我知道，对于这本书，你们中某些人的记忆可能不那么愉快。几百年间，这部优秀的作品不仅被不断重复，还要经受那些仅从时代的声音中得知其优秀的人的模仿与歪曲。这种遭遇是一部优秀作品的荣耀与不幸之所在。如果欧几里得成了许多古典学派的护身符（他们把《几何原本》列入必修项目，但里面的内容其实可以死记硬背），那么这样的不幸就不是欧几里得的过错，而是对欧几里得的天分最可悲的哀悼。为了那些阅读《几何原本》不超过六卷的人及那些认为阅读《几何原本》前六卷就已足够的人着想，我还要补充一点，《几何原本》前六卷只是讨论更深刻、更复杂问题的开端。这些问题显示了在数学科学上古希腊人取得了多么巨大的进步，也说明了古希腊其他艺术领域，比如建筑艺术，在科学准确性方面也不存在缺陷。《几何原本》第七卷至第十卷不是讨论几何问题，而是讲解高等代数，像第十卷，就讨论了不可通约数或无理数。也是在《几何原本》第十卷，欧几里得开始讲解立体几何，如金字塔、圆锥体、球体等测量。在第十三卷，欧几里得探讨了柏拉图曾经讨论过的规则五面体。

关于纯数学^①的伟大发现者，我只需在这里说出三个不朽的名字：生活在公元前200年左右的阿波罗尼奥斯(Apollonius)、生活在公元2世纪的帕普斯(Pappu)及可能生活于公元4世纪的丢番图(Diophantus)。据我所知，阿波罗尼奥斯对圆锥曲线的几何处理是了不起的杰作。要不是分析法完全取代了几何方法，阿波罗尼奥斯的处理手法将是现代研究的基础。帕普斯在书中向世人总结了所有以前的大师的理论并做了重要补充，他向代数科学迈出了重要的第一步。

在数学物理学上，阿基米德(Archimedes)、亚历山大的希罗及亚历山大学派的其他杰出人物，取得了惊人的成就。在机械方面的成就上，阿基米德让古罗马人感到震惊。古罗马人发现，在锡拉库萨抵御古罗马人的进攻时，阿基米德就如同一支军队。从确定圆的近似面积的著名方法中，他处理实际问题的能力可见一斑。他不断在圆内画正多边形，再把正多边形分成若干个三角形，最终确定圆的近似面积。据说，直到今天，他的处理方法仍然是数学界公认的确定圆的面积的最佳手段。

亚历山大的希罗的作品展示了他在力学及流体静力学方面深厚的实践知识。他还拥有许多极具独创性的发明，比如，自动贩售机，即把钱币塞进钱币槽，即可购买商品。甚至在表演

---

① 纯数学是对数学概念的研究，独立于任何数学应用之外。数学概念可能源于对现实世界的关注，研究结果可能有助于将来的实际应用，但纯数学的动机并非应用。——译者注

场景中，他设计了一个精致的隐藏机器，来移动牵线木偶。这充分展现了他在使用普通机械装置方面的聪明才智。他设计的表演场景如下：一个高大的空心基座上，饰有柱架，配有一个拱门，拱门上搭着木板，一个圆形的神殿矗立在木板上；观众从四面八方都可以看见神殿，神殿有六根柱子、一个圆锥形的房顶；房顶是胜利女神像，她张开翅膀，右手拿着花环。酒神巴克斯(Bacchus)立在房顶中央下方，左手拿着酒神杖，右手拿着杯子，一只小黑豹躺在巴克斯脚下。神殿外，巴克斯的前后都立着一个装有干木屑的祭坛。神殿外侧两旁，各有一名摆出得体姿势的女祭司。自动机器将整个场景推进到一个固定地点，机器一停下，巴克斯前方祭坛里的火就会点燃，他手中的酒神杖也会流出酒来。酒神杖里流出的酒直接倒进他手中的杯子，倒进杯子里的酒又倒在他脚下的黑豹身上。巴克斯身下的壁柱装饰着花环，女祭司围着神殿翩翩起舞。同时，锣鼓声不绝于耳。锣鼓声停下后，巴克斯转身，上述的一切在另一个祭坛周围重演。紧接着，表演结束，整个机器回到原来的位置。如今，人们认为有必要按比例缩小亚历山大的希罗的装置规模，因为根据他提供的数据搭建的装置太大，观众自然会怀疑有人藏在装置里面进行操作。其实，制造任何自动设备时，都应考虑到这一点。

　　亚历山大的希罗详细介绍了上述装置的构造。这个装置的设计与现代机器一样巧妙。不过，要不是他在作品《机械集》

中提供了一系列具体数据，现代人恐怕永远不知道这个装置长什么样子。你们可以读读希腊语版本的《机械集》，对了，《机械集》还有优秀的德语译本。亚历山大的希罗设计的表演场景中，祭坛之所以能被点燃，是因为祭坛内的木头下面隐藏着一盏灯。木头和灯之间隔着一块金属板，拉开金属板，祭坛就会被点燃。仅从这一点就可以看出亚历山大的希罗的智慧。酒的流动是通过隐藏在装置顶部的两个储水器来实现的，储水器中的酒经过管道，流入柱子内部，再进入巴克斯体内。机器转动旋塞时，酒就会流入储水器下方的酒神杖。很明显，能够设计出上述装置的人肯定有能力发明现在还在埃及各地使用的水车，即牛带动齿轮的转动，转动的齿轮又带动主动轮转动，同时，主动轮轮缘上的水斗舀水上升，升到顶端时，水斗将水排入水槽，沿着水槽，水流入渠道，灌溉农田。众所周知，水车是亚历山大机械学家的发明。早在实践之前，亚历山大机械学家的理论就已存在。与纯粹的推论相比，亚历山大的机械学家更重视科学的应用。

也许在结束这个话题前，我应该告诉你们，在亚历山大的希罗设计的表演装置中，自动机器的动力是什么。缠绕在滑轮上的绳子将物体悬挂在空中，而悬挂在空中的物体的重力就是自动机器的动力来源。物体的重力使缠绕在滑轮上的绳子带动轮轴转动，轮轴又带动与其连接的其他轮子转动。由于设计者将机器小心地隐藏在装置中，展示者坐在观众中间，使用非常巧妙的方法，让观众认为整个效果完全是魔法。

光学定律和视觉错觉效应也没有被古希腊人忽视。欧几里得写了一部有关光学定律和视觉错觉效应的著作，不过，这部著作现已失传。从亚历山大学派的有识之士对欧几里得这部著作的赞扬可以看出，与在其他科学领域一样，欧几里得在这个领域同样取得了出色的成就。受过教育的公众一定听说过古希腊人在大多数领域的成就。有关古希腊数学科学的著作，其中一些直到最近才出版。除了欧几里得的作品，绝大部分著作都不为外界所知。古希腊数学不仅衍生了古罗马人渗透西欧的一些科学知识，还被阿拉伯人接受，并通过阿拉伯语的翻译，唤醒了意大利人、德意志人和法兰西人。当人们用专业知识来衡量古希腊人在纯数学领域的发现时，所有真正有能力做出判断的人都会认为，在高等代数和高等几何方面，古希腊人明显表现出了惊人的独创性和敏锐性。

毕达哥拉斯学派还是精密科学(exact sciences)的先驱。它的历史太过模糊，甚至在阿契塔(Archytas)、欧几里得和士麦那的赛翁(Theon of Smyrna)①之前，没有任何可以说得出名字的人物。几何学方面的欧几里得、力学方面的阿基米德、圆锥领域的阿波罗尼奥斯、流体静力学领域的亚历山大的希罗、天文学方面的欧多

---

① 士麦那的赛翁(约335—405)，古希腊数学家、哲学家、天文学家。——译者注

克索斯(Eudoxus)^①和喜帕恰斯(Hipparchus)^②、高等算术和高等代数方面的丢番图，都不局限于某一领域，而是共同促进了后人在多科学领域的思考。他们及其他看似不那么了不起的古人却给后人留下了无比宝贵的遗产。

在所有这些人中，亚里士多德作为"知者之师"脱颖而出。中世纪，他就获得了极高的名望与权威，差点被罗马人封圣。如果这一殊荣真的属于人类，那么我不知道还有谁比亚里士多德更有资格拥有它。他不仅推动了科学的进步，还带领人类进入了一个思想文化无与伦比的时代。柏拉图完善了苏格拉底式的探究方法，而这种探究方法一直影响着亚里士多德。可惜的是，关于亚里士多德采用对话式教学法的史料今已失传。但无疑，亚里士多德冷静而务实的思维方式，使他对拖拖拉拉、东拉西扯、离题万里等嗤之以鼻。因此，从形式上看，亚里士多德留给后人的一切都特别朴素、科学。他很少使用不必要的句子。即便存在隐喻，那也不过是他冷冰冰的严肃论点中的一抹亮光。他的写作风格显示，他是一个争分夺秒的人，因为他知道还有一个广阔的世界正在等着自己。如果当时仍然是一个哲学思考的时代，是一个科学还没有走上观察和实验道路

---

① 欧多克索斯(约前400—约前350)，古希腊数学家、力学家、天文学家，阿基塔斯和柏拉图的学生。——译者注

② 喜帕恰斯(约前190—约前120)，古希腊天文学家、地理学家、数学家。——译者注

的时代，那么亚里士多德将会比任何人都要更努力地把哲学与科学分开。他充分认识到，没有健全哲学知识的实证科学容易犯下致命的错误，而大多数现代科学家恰恰忽视了这一点。

当然，如果没有他人的大力协助，亚里士多德就不可能完成自己提出的庞大计划。柏拉图似乎低估了合作，因而未能在与学生的合作中取得成果。亚里士多德并没有被选为柏拉图的接班人，我觉得是因为柏拉图平庸、温顺的学生对亚里士多德这位伟大、具有独创性的思想家怀有嫉妒之心所致。亚里士多德鼓励并组织一些助手，以收集植物学、矿物学、动物学、物理学等自然科学方面的观察成果，另一些助手则把亚里士多德在修辞学、诗歌、伦理学和神学等方面的观点付诸实践。在我看来，著名的《雅典政制》就是一个典范。《雅典政制》后来才被认定为亚里士多德的著作。不过，它不像出自大师之手，更像是亚里士多德的学生的作品。众所周知，亚里士多德撰写了一百五十八篇有关古希腊政制的短文。关于这一点，后面再讨论。

泰奥弗拉斯托斯(Theophrastus)①、罗得的欧德摩斯(Eudemusof

---

① 泰奥弗拉斯托斯(约前371—约前287)，古希腊哲学家、科学家，亚里士多德逍遥学派的继承者。——译者注

Rhodes)[1]和亚里士多塞诺斯(Aristoxenus)[2]等都是亚里士多德的助手中非常有名的人物，而亚里士多德的学生狄凯阿科斯(Dicaearchus)[3]是地理学家。他们也为后人留下了许多宝贵的作品。亚里士多德学派本着同样的精神，目标一致地进行研究。几乎在所有科学领域，亚里士多德都取得了独创性成果，只有一个分支除外，即纯数学领域。不过，亚里士多德对纯数学领域的贡献也不容低估。他让自己的得意门生罗得的欧德摩斯记录他人在纯数学领域的成就。罗得的欧德摩斯记录的有关算术、几何学和天文学(当时称为"占星术")的历史书籍十分有名，意义重大。现代评论家认为，如今已知的有关数学早期发展的所有内容，都源于他记录的资料。更值得关注的是，亚里士多德唯一没有建树的纯数学领域应该是唯一一个历经生根发芽、枝繁叶茂而没有衰落的领域。至于亚里士多德个人在纯数学领域的能力，曾有杰出的数学家告诉我，他经常通过隐喻或图解的方式提及数学。这表明他对纯数学有着清晰、正确的理解。因此，当我们从亚里士多德对美的讨论中(作为古希腊人，亚里士多德当然要在

---

① 罗得的欧德摩斯，古希腊哲学家，被认为是第一位科学历史学家，生活在公元前370年至公元前300年，亚里士多德最重要的学生之一。——译者注

② 亚里士多塞诺斯，古希腊逍遥学派哲学家，亚里士多德的学生。——译者注

③ 狄凯阿科斯，古希腊哲学家、制图家、地理学家、数学家、作家，亚里士多德的学生。——译者注

形式、对称和比例上寻求美感)了解到，人间最高贵的美的例子都源于数学时，我们知道，这不是一个对数学不甚了解的人突然发出的呓语，而是一个有分量的评判者深思熟虑后的表述。

欧几里得与亚里士多德几乎生活在同一个时代。因此，亚里士多德学派的数学在亚历山大找到了新家园，获得了长足发展，并持续了数世纪，但没有延续到今天。大约两代人后，除了数学，亚里士多德学派的庞大体系似乎已落入无能之辈手中。古希腊知识分子再次关注纯粹的哲学和伦理，而不再是科学。对于这一点，我将在谈论斯多葛学派(the Stoics)①和伊壁鸠鲁学派(the Epicureans)②时阐明。

古希腊科学还包含一个实践科学的分支，即医学。医学即使不是由亚里士多德开创的，也肯定是由他在动物学和植物学方面的研究推动的。通常说来，动物学和植物学是医学的入门学科。古希腊人和现代人一致认为，希波克拉底(Hippocrates)是"理性医学之父"。科斯岛(Kos)有一个古老的医生行会，希波克拉底便是这个行会的成员。现在被认定为希波克拉底的作品的，可能并非希波克拉底一人写成。和亚里士多德一样，希波克拉底也有

---

① 古希腊哲学学派，公元前3世纪由哲学家芝诺创立。该学派强调神、自然与人为一体，"神"是宇宙的灵魂和智慧，其理性渗透整个宇宙，属于唯心主义学派。——译者注
② 伊壁鸠鲁学派，古希腊哲学学派，公元前307年由伊壁鸠鲁创立。该学派认为人死魂灭，提倡追求心灵的宁静、和平。——译者注

许多学生。后人甚至在他的散文中发现了文学价值。他的散文堪称大师杰作。你们大多数人可能都熟知希波克拉底《箴言集》(Aphorisms)的开篇。不过，要完美翻译《箴言集》的开篇而不做乏味的论述，是一个难题。此处举一意译为例："人生短暂，技艺却慢慢成长；恰当的时机转瞬即逝，然而经验危险，决定沉重。"希波克拉底将卫生作为医学的基本前提，他认为，那些捣碎谷物、烹饪肉类、选择可食用蔬菜，从而改善原始人饮食水平的人就是最早的医生。从那时起，人类有了健康与不健康的概念。希波克拉底试图通过仔细观察，将经验系统化，从而建立卫生法则。他仔细分析城镇的特点，并认为(在他所知的纬度范围内)东部最好，西部最糟；他讨论水源的质量，并着重强调水源的海拔；他详细记录斑疹、伤寒、产褥期、疟疾等疾病的临床表现，治愈疾病，对后世的影响深远、持久。在此，我要举一个例子，这与我在爱尔兰的大学的经历及爱尔兰的医学院的历史密切相关。[1]奥利弗·克伦威尔(Oliver Cromwell)和查理二世统治下的爱尔兰内科医学院(Irish College of Physicians)的创始人是约翰·斯特恩(John Stearne)，约翰·斯特恩是詹姆斯·厄谢尔(James Ussher)的侄孙。詹姆斯·厄谢尔本人是一位神学家和精神治疗师。由于1641年叛乱的压力，约翰·斯特恩离开了爱尔兰，并在剑桥接受了全面的医学教育。之后，随着奥利弗·克伦威尔恢复社会秩序，他返回爱

---

① 参见我的《爱尔兰历史》(Epoch of Irish History)最后一章。——原注

尔兰。他不仅成为爱尔兰内科医学院的一员（这里还有一些来自佛的杰出清教徒），还成为都柏林杰出的医生。在他的影响下，爱尔兰皇家内科医学院(Royal College of Physicians)成立。爱尔兰皇家内科医学院曾经只是大学的附属机构。但从那时往后数代人的时间里，爱尔兰皇家内科医学院成了一个杰出的、有尊严的机构，为医学科学培养了大量杰出人才。

和希波克拉底一样，约翰·斯特恩不仅从事医疗实践，还写作有关生死的著作，他是一位理论家和哲学家。17世纪中叶，通过写作，他不断告诉世人，希波克拉底的观点几乎完全正确，希波克拉底的作品是当时唯一可靠的医学指南。[①]关于约翰·斯特恩秉持这种理念的原因，我们不难探寻到。中世纪时，医学毁于超自然影响、特殊干预、邪灵行为、星座干扰及其他一些我们现在笑看但当时的科学家痛恨的垃圾。希波克拉底的第一大特点是完全不把上述因素当作疾病的病因或治疗疾病的手段。他不怕鬼、不怕邪灵，从不提咒语。很可能，你们中很少有人读过以下这段表达希波克拉底学派态度的短文。在短文中，希波克拉底提到一群在斯基泰人(Scythians)[②]中受到尊敬

---

① 约翰·斯特恩的理论被记录在几本现在已经被遗忘的书中。约翰·斯特恩的理论与四种基本元素有关，在每个人身上，这四种基本元素之间的关系以健康或疾病的状态呈现。——原注
② 斯基泰人，欧亚大陆一个古老的游牧民族，具有伊朗血统，大约公元前7世纪至公元前3世纪统治着东欧大草原。——译者注

甚至受到崇拜的阳痿病人。这群人中，每个人都为自己感到担心，因为他们把自己身患阳痿的病因归于神的旨意。"好吧，这些疾病都是神的旨意，其余疾病也是神的旨意。没有哪一种疾病比其他疾病更神圣或更世俗。所有疾病都同质，都是神的旨意。然而，每一种疾病都有其本质，任何事情的发生都有其自然原因。"接着，希波克拉底用过度骑马的行为来解释阳痿的病因，并指出与穷人相比，富人更容易患阳痿，因为穷人不骑马。希波克拉底说：

在病源上，如果阳痿确实比其他疾病更能体现神的授意，那么阳痿不应该攻击斯基泰人中富有的、有教养的人。如果神确实喜欢人类的尊崇和敬拜，并根据人类对神的尊崇程度给予人类相应恩惠，那么穷人就不应受到神的眷顾。因为富人既有财富，又有尊荣，自然向神献上的祭品更丰厚，而穷人要么缺乏物资，要么对那些不喜欢自己的神缺乏善意，其对神的尊崇和敬拜，自然无法和富人相比，所以穷人应该因自己的罪过或错误受到神的特殊惩罚。但正如我前文所述，阳痿和其他疾病一样，一切都按照其本性发生。

当古希腊衰落，欧洲成为无知和迷信的牺牲品时，古希腊的科学精神就消失了。随后，具有治愈力量的圣物、朝圣、代祷等不可思议的景象的全盛时期来临。中世纪教会非但没有否认圣物、朝圣、代祷等景象，反倒为了自己的目的，利用这些精神上的堕落现象。因此，复兴医学与反抗教会密切相关。据说，每三个医生中就有两个无神论者。就连我刚才提到的虔诚的约翰·斯特恩也宣扬纯粹的斯多葛派信条，而完全无视教会的规定。

就像现代医学不得不与卢尔德(Lourdes)[①]、与基督教作斗争一样，希波克拉底及其学生同样曾与类似迷信斗争过。过去几年里，人们已经恢复了埃皮达鲁斯(Epidauros)废墟。埃皮达鲁斯有一个著名的"医神"阿斯克勒庇俄斯(Aesculapius)神殿。数百名朝圣者聚集在神殿里，寻求治疗疾病的方法。埃皮达鲁斯的娱乐设施就像现代的温泉一样，管理得很好。在古希腊娱乐设施中，埃皮达鲁斯剧院算得上最华丽的场所，有门廊、浴池和小树林，提供舒适悠闲的娱乐项目，对人们的健康产生了很大的影响。不过，从阿里斯托芬的嘲笑中，我们可以了解到阿斯克来皮亚得医生团体(Asklepiads)的方法远远落后于科斯岛上医生的方法，很多铭文也证实了这一点。虽然我并不否认阿斯克来皮亚得医生团体治愈了许多病人，但其方法迷信、不科学。梦、预兆、护身符等仍然阻碍着卫生健康科学的发展，也影响着临床医学的开展。对卢尔德编年史怀疑至极的研究表明，积极

---

① 卢尔德，法国西南部城市。圣母显现的事迹使卢尔德成为重要的圣母朝圣地。西欧的天主教徒认为，卢尔德的泉水能使危重病人康复。——译者注

有利的心理影响不仅能治愈精神疾病和神经疾病，甚至能治愈那些生理性疾病。无疑，圣母玛利亚为卢尔德的信徒所做的一切会受到更多人为等因素的影响。坦诚地说，宗教和迷信并不会改变每一个真正的科学工作者的观点。这是希波克拉底及其学派的观点，也是希波克拉底试图通过自己的理论和实践来践行的观点。工作使人筋疲力尽，食物补充人体能量，这一真理在希波克拉底及其学派的实践中得到清楚阐释。同样重要的原则是，任何器官如果不行使其自然功能，就不能保持健康和活力，就会萎缩或腐烂，这一点也得到了清楚阐释。希波克拉底及其学派甚至猜测，医学最大的问题是从无机物转化为有机物的过程。不过，希波克拉底及其学派并没有解决这一问题。

当然，要说科学实践者没有被前人的许多错误猜测、虚假发现、毫无根据的推测所拖累和束缚，那是不现实的。科斯学派 (school of Kos) 每一位行医者的誓言都清楚地表达了医生崇高的道德目标，并庄严宣布，医生不会为了私利或不道德的目的而在任何家庭中滥用自己的影响力。出于科学目的，古希腊人试图通过如实记录希波克拉底及其学派的科学研究，讲述希波克拉底及其学派的失败，启迪后继者和对手，从而推动人类知识的发展与进步。如果把古希腊行医者谦逊、科学的态度与莫里哀 (Molière) 鞭挞医生的态度(他们治疗贵族甚至王室病人的详细记录一目了然)相比，人们便可明白：在未能对现代欧洲产生影响的领域，古希腊人并非缺乏现代科学的精神。

　　总之，古希腊科学不仅限于我触及的这些主题。我刻意省略了一些较大的主题，比如，光学与视觉错觉效应，古希腊人不仅会巧妙地使用圆形的部分曲线，还尤其会运用圆锥曲线（圆锥曲线在希腊语中仍被称为"双曲线"）。我也没有提及古希腊天文学，包括对日食的天文预测、天文在历法中的应用及天文作为地理科学的基础等。我如果把上述内容纳入此次讲座，那么向你们呈现的一定不是一幅画，而是一个万花筒。古希腊人在文学和艺术上取得的成就离不开刻苦思考和严密推理的严格训练，这一定给你们留下了深刻的印象。据说，柏拉图把学习几何作为哲学课程的首要条件。

　　根据这一原则，我们旧式大学里的学生，即使是古典文学方面的专家，也必须拥有足够的数学知识。都柏林三一学院里的学生要想获得语言方面的学位，就必须接受纯数学、物理和天文学方面的教育并顺利完成相应学科的学习。这就是古希腊式的教育。现在的教育已经偏离了古希腊式教育的方向，现代人的匆忙取代了深思熟虑，事实的数量（quantity of facts）代替了知识的质量，杂乱无章的信息主宰了系统的思考。迄今为止，现代文化已经无力与古希腊文化相媲美。

第七章 　CHAPTER VII

·政治——社会学——法律

POLITICS —SOCIOLOGY—LAW

除了政治哲学和社会哲学，没有其他哪个领域更能让人强烈地感受到古希腊生活的现代性。在写作和口头表达方面，古希腊人与现代人无异。亚里士多德的观点和西塞罗的论著，都非常适用于指导我们现代人组织人类社会，比如，古希腊人熟知与妇女权利有关的话题。进入中世纪后，人们会觉得世界不是向前发展，而是倒退了好几个世纪：迷信统治着一切，到处充斥着神父的暴政、底层民众的苦难、艺术的幼稚，文学彻底停滞，堡垒替代了自由城市，暴力取代了法律，野蛮和粗鲁战胜了文雅。欧洲的这一切实在令人震惊，因为其中大部分地方曾经可都是真正拥有过文明呀！

出现这一奇特的历史倒退现象，最重要的原因就是古希腊文明的消失。至少在法律、语言和艺术方面，君士坦丁堡仍坚持古希腊的优良传统。不过，古罗马人并没有让拉丁语化硕果累累、经久不衰，原因在于，虽然他们的生活方式和思想都承袭自古希腊人，但没有真正将其消化吸收，而只是囫囵吞枣。因此，与古希腊文明的辉煌与活跃相比，拉丁语文明统治下的欧洲进入了一个停滞不前、形式主义、知识贫乏与僵化的时代。其实，在生活艺术方面，古罗马人只要还是古希腊人温顺的"学生"，就能取得巨大的进步。然而，他们觉得自己已经是世界的主人，开始瞧不起自己的"老师"，也就是古希腊人。他们天生的粗俗暴露无遗，而古罗马缺乏天才的特点也再次显现出来。要不是受到东方教义和古希腊文明的影响，在知识领域，古罗马人会和其他野蛮的入侵者一样，变得无足轻重。

在探究古希腊政治的发展状况时，学者们会发现，即使在荷马时代，公开讨论也是古希腊日常生活中非常重要的一部分。古希腊人本能地认为，要把事情商量好，要把道理讲清楚。国王即便与议事会已经一致做出决定，并且有充足权力履行决定的情况下，还是会在军营中召集士兵、在市场上召集自由民，尽力获得大家的认同。几乎所有历史学家都认为，古希腊时期既没有投票权也没有权力推翻国王决定的议会，是古希腊民主政体中公民大会的雏形。甚至在《伊利亚特》等一些古老著作中，国王似乎还拥有绝对权力。不过，相关内容后来都被删除。删除这些内容的，当然不会是亚历山大学派的人。对亚历山大学派而言，这些主张并无冒犯之意。它们应该是被那些早期为古希腊自由城邦编选诗歌的编辑们删除了。

促进古希腊政治发展的另一个因素，是许多小城邦并存的局面。每个小城邦仅拥有几平方英里的领土，因此，城邦里的国王与大众之间无法保持距离感和神秘感，城邦中也不存在烦琐的礼仪束缚。色诺芬认为，国王的神秘性及庄严的礼仪是波斯君主专制的必要条件。亚里士多德表示，古希腊旧式君主靠世袭，并且君主权力受到限制。这种制度设计为后来的君主立宪制树立了典范。无论在古典时期还是中世纪，只要大众愚昧无知，不能承担起管理公共事务的责任，贵族就是整个文明世界的主宰。亚里士多德表示，只要拥有权力的少数人管理得当，大众有工作、能生活，就会知足，社会就会风平浪静，威尼斯共和国便是例证。如同古代的迦太基一样，很长一段时间内，威尼斯共和国没有出现严重的内部骚乱，庞大的威尼斯共和国因贸易而繁忙、富有。

当古希腊的少数当权者，即议事会中旧贵族的后代或曾经的首领以其暴力和自私给大众带来无法忍受的苦难时，古希腊便爆发了血腥的革命。起初，革命的领导者通常是野心勃勃的变节者或出身高贵的军人，他们领导大众反对上层。后来，大众变得强大了，通过宪政或半宪政的方式进行革命，从而获得政治权利。但如果不处死或者不驱逐贵族领袖，大众获得的政治权利就难以维系。读过修昔底德或色诺芬著作的人，一定还记得里面与流亡者如何反革命、如何利用暴力和流血玷污古希腊有关的记载。在古希腊历史中，这些暴力场面扮演着非常重要的角色。你们也许会好奇，在政治上，古希腊是怎么成为其他国家的榜样的。我认为，你们有必要注意，当世人透过古希腊历史的表象研究其本质时，就会发现，在古希腊，秩序从未消失。在波利比乌斯(Polybius)[1]之前，古希腊领袖的行为并没有影响大众的认知，也没有危及大众的安全。

那么，如何表明上述立场呢？如前文所述，人们只有透过历史表象研究其本质，才能找到证据；只有反思，才能找到

---

[1] 波利比乌斯(约前200—约前118)，古希腊历史学家。——译者注

答案。古希腊革命者的诉求，无非就是"废除债务，重新划分土地"。亚里士多德认为，这是暴徒领袖的口号。几年前，剑桥的哲学家亨利·西季威克(Henry Sidgwick)[1]让我帮他寻找古希腊历史上关于革命的真实案例。我发现根本找不到类似案例时，真是无比惊讶，那情景直到现在我还记得。对此，亨利·西季威克同样很震惊。西西里岛大动乱时，可能发生过如下史实：旧式自由民被驱逐，暴君与雇佣军及周边的农民一起建立了城镇。然而，在如今关于古希腊的历史资料里，在那些著名城邦的记录中，人们找不到类似的史实。[2]我能指出的最激进的措施是，梭伦将债务削减了百分之二十七。梭伦是一位非常保守的政治家，也是一位非常渴望保护他所在城市商业信誉的政治家。在梭伦时代，雅典并没有失去大众的信任。显然，梭伦削减的只是某个阶层的债务，也许是贫穷的农民或劳工欠地主的债务。如果真是这样，那么古希腊并不比现在的爱尔兰或苏格兰的土地法更苛刻。通常，爱尔兰和苏格兰将佃农的年租金削减了高达百分之二十七的份额。

　　无论是在海上贸易方面，还是在陆地贸易方面，古希腊人都是优秀的商人。没有公共信用的担保，任何贸易都无法开

---

① 　亨利·西季威克(1838-1900)，英国功利主义哲学家、伦理学家和经济学家。著有《伦理学方法》。他的思考方式与思想独特，影响了摩尔等现代西方伦理学家及当代哲学家罗尔斯等。——译者注

② 　斯巴达的亚奇斯三世(AgisⅢ)的失败尝试导致了他的毁灭。——原注

展。除非投资特别安全，否则任何行业团体都不会兴旺发达。
古希腊贷款的一般年利率为百分之十二，乍一听，这似乎并不
是一个安全的界限，但其实根本不是那么回事儿。古希腊百分
之十二的贷款年利率并不比古罗马高。要知道，当时古罗马统
治阶级可是掌控了世界贸易才得以保障自身安全。与今天的贷
款年利率百分之三相比，古希腊的高达百分之十二，之所以差
距如此巨大，是货币普遍匮乏所致，即使大量发行货币也只是
杯水车薪，因为货币在各城邦间的流通困难及人们还没有完全
了解代币①的相关知识。通常，古希腊人使用银行和汇票开展贸
易。对他们而言，把钱借给邻邦公民绝非易事，因为不同城邦
拥有不同的法律。当时并不像如今这样，借贷的地方遍及整个
大陆乃至全球。你们可以设想一下，如果现在每个国家的公民
都被限制在国内寻求投资，那么你们可能很快就会发现，进口
资本(imported capital)的贷款年利率并不会低于古希腊当时的贷款
年利率。

　　另外，一直以来，还有一个因素一定在缓和古希腊人之
间的冲突中起到巨大作用，即所有大型城邦都拥有大量奴隶。
从阿尔戈斯和斯巴达的历史中，你们可以了解到，对自由民而
言，大量奴隶的存在是一个长期的危险。因此，自由民一直在

---

① 代币，一种形状及尺寸类似货币，但限制使用范围、不具通货效力的
　 物品。——译者注

设法弥合他们与奴隶之间的分歧，或者至少是削弱自由民相对奴隶而言具有的优势，而不是冒险让双方都屈服于外来因素。

也许，你们会认为，整个古希腊世界都拥有奴隶的事实使其无法成为现代国家的文明之师。不过，我认为这个问题并非如此简单。根据过去四十年的经验，即使是有时间反思的美国人也可能会对这个现象产生疑问。伟大的思想家亚里士多德认为，低等民族只适合受控于人，而非控制他人；古希腊人基于优越的智力和教育而控制低等民族，纯粹是为了低等民族着想。据我所知，就古希腊战俘成为奴隶这件事，亚里士多德并没有发表看法。但根据他的立场，我可以推断，他肯定不会赞成这种形式的奴役。另外，他反复提到低等手艺人，如修补匠或鞋匠。工作几乎占据了低等手艺人的所有时间，因而他们没有闲暇去接受教育或学习更高层次的知识。亚里士多德认为，在任何一个城邦，低等手艺人都不适合成为统治阶级。同时，他坚持认为，一旦低等手艺人获得了权力，就会出现极端民主，其弊端很快就会显现。

你们一定还记得，在古希腊，一个由一座城和二三十平方英里土地组成的小政体中，从来没有人觉得有必要从地方选派代表出席会议。公民必须亲自参加会议，并在会议召开地待一天。一个人通常通过抽签，可能被选中去履行行政职责或司法职责。很明显，那些必须挣钱养家糊口的人只能靠边站，让位于有空闲的阶层。此外，奴隶的存在大大增加了有空闲的阶层的人数。即使是贫穷的雅典人，也有奴隶帮他们完成体力劳动，因而有时间参与公共事务。古希腊人从未想过，要像现代人那样，为法官或政客发高薪。古希腊人认为，国家有权要求公民为其付出一切。公民的个人权益受到法律的充分保护。不过，公民须无条件服从国家利益，即使是失去个人生命。

保障公民的幸福，当然也包括自由，既是有思想的古希腊人的普遍追求，也是完美城邦的伟大目标。古希腊人很早就在关注法律的制定。古希腊法律为古罗马提供了审慎立法的范式，如在制定十二铜表法(Laws of the XII Tables)时，古罗马人就借鉴了阿提卡法典(Attic Code)①。几乎所有古希腊理论家都坚持认为，任何一部法典的成功都离不开对大众的启蒙。因此，我要简单谈谈古希腊立法的三个方面，即刑事立法、民事立法及所谓的国际立法，以便厘清在哪些方面，古希腊人是现代人的先驱，从而推动现代人继续研究古希腊人的管理方法，并从中受益。刑法自然排在第一位，因为文明生活最迫在眉睫的便是公共安全。公共安全有了保障，公民才能自由行动，不必担心人身骚扰，甚至不用担心暴力。古希腊人非常清楚这一点。他们认

---

① 阿提卡法典，公元前594年，古希腊雅典执政官梭伦实行政治经济改革，颁布法典，史称"阿提卡法典"。内容涉及解负令、按财产多寡划分等级、成立四百人会议和陪审法庭等。在雅典法制史上，该法具有划时代意义，为雅典民主政治的形成奠定基础，雅典民主宪政制度由此产生。——译者注

为，在人类携带武器的行为消失前，不会出现政治文明。亚里士多德或修昔底德如果得知美国许多受人尊敬的自由公民仍然携带武器，那么一定会说："这在希腊也曾是一种习惯，但现在我们文明了，携带武器的行为本质上是一种野蛮的行为。"现在，如果亚里士多德或修昔底德还活着，一定会认为携带武器的行为应该受到惩罚。如果允许携带武器，任何一个人失控都可能剥夺自己和他人的生命。很高兴，现代欧洲已经进入文明阶段。在爱尔兰，有了警察的保护，无论是在白天还是黑夜，大众都可以安全地穿行在拥挤的城市或孤寂的荒野中，即使经常有人因土地纠纷而受到威胁。

阿提卡法典代表了最高尚、最纯粹的古希腊情感，非常重视公民的安全与尊严。在大街上，袭击者发起任何攻击行为，即使没有造成重大伤害，也会受到法律的严厉惩罚。和现代社会一样，阿提卡法典规定，粗暴地或者违背他人意愿触碰他人，也会被视为攻击行为，袭击者会受到处罚。如果被袭击者碰巧在履行公务，那么袭击者可能被视为犯了有损国家尊严的叛国罪。

古希腊法律中确实存在死刑，特别是在旧法典中。这常让我想起一百年前的欧洲法典。不过，两种缓和措施的存在让严厉的古希腊法律甚至比大多数现代法律更温和、更文明。首先，凡是越境逃跑的人，除了犯有危害国家的重大罪行，其余一般不考虑引渡。流放当然是一种严厉的惩罚，因为它意味着流放者只能生活在国外，并且不受当地法律保护。其次，死刑的执行方式远比现代的处决方式更人道。大家一定非常熟悉苏格拉底的例子，苏格拉底没有戴锁链，可以和朋友们交谈，那杯毒药就放在他身边，他只需在日落前喝下即可。当时的狱卒也很人道、文明，在履行职责时，他们十分谨慎。我毫不否认，古希腊法律的文明与其中仍然残余的野蛮形成了鲜明对比。我所谓的"野蛮"，是指庞大的陪审团中，要求折磨奴隶及执行严厉的死刑判决的人仍占多数。然而，对文明的欧洲而言，这种野蛮行为似乎就发生在昨天。

现在，我来谈谈古希腊民法的特点。此处的民法是指与财产持有、合同订立和遗嘱遗赠有关的法律。在许多古希腊合同及定居埃及的希腊移民签订的合同中，我发现在总体精神和准确性方面，它们与今天的合同无异，只是与现在相比，当时的合同对违约行为的处罚似乎要严厉得多。当时的合同规定，未在规定期限内偿还债务的债务人，通常被处以债务金额百分之五十的罚款。当时以谷种为标的实物贷款合同可能很多。就实物贷款合同而言，上述处罚是合理的，因为有些物品在某个季节价值很高，但之后很长一段时间里，它们会变得毫无用处。总的来说，我认为古希腊人的守约观念比现在更严格，法律也更严苛。借鉴古希腊法律的罗马法也是如此。

我认为，粗略讨论某个宏大主题时，只能选择其中一两个要点作为例证。因此，我决定将关注点聚焦在古希腊遗嘱上。

对于古希腊遗嘱，现在的人们了解颇多，特别是我，有幸在1890年发现了大量与古希腊遗嘱有关的文件。与这些文件有关的诉讼是伊塞优斯演说的主要内容，伊塞优斯演说文集由剑桥三一学院的威廉·怀斯(William Wyse)①先生精心编辑。过去，人们认为，遗嘱的发明要归功于古罗马人。现在看来，可以肯定的是，就像其他领域一样，古罗马人只是把古希腊人订立遗嘱的传统传递给了现代欧洲而已。

在大多数古希腊早期城邦，个人可以按照自己的意愿，将财产遗赠给他人。这个传统是逐渐发展形成的，但发展过程并非一帆风顺。起初，遗产所有人作为家族成员，在一定条件下，他的财产要归家族所有。后来，城邦控制了个人遗产的分配权，不允许个人将财产遗赠给陌生人，更不允许将财产遗赠给非公民。因此，在遗产分配问题上，古希腊各城邦是否曾给予公民绝对自由，是值得怀疑的。面对公共利益，与现代的大政体相比，作为小政体的城邦更加审慎。因为对现代大政体而言，偶尔滥用权力不会造成严重的公共危害，而只会招来一定程度的谴责。在埃及莎草纸和石刻碑文上，人们看到的遗嘱记录，如一份将财产遗赠给公共事业和宗教事业的遗嘱记录显得非常现代。在此，我向你们列举一种常用的遗嘱范式。首

---

① 威廉·怀斯(1860—1929)，英国古典学者，因研究阿提卡演说家伊塞优斯而出名。——译者注

先，遗嘱的日期是根据国王或地方长官的年数来确定。接着，如"这是我——利西亚人佩西亚斯(Peisias)的遗愿。我是×的儿子。这是我头脑清醒时，经过深思熟虑后所立之愿。愿我能健康生活下去，管理好自己的财产。如果我遭遇不测，我为我的妻子、我的孩子们留下了很多财产(多指物品)。请释放一些奴隶，把我的钱献给宗教事业，我指定'某某'作为执行人"。对埃及士兵而言，"某某"一般指国王、王后、国王和王后的孩子。最后是遗嘱见证人，通常有七八个。[①]这意味着当时社会安定，大众拥有普遍的习惯与传统。早在公元前3世纪，订立遗嘱的做法就从古希腊传到了被古希腊征服的埃及。订立遗嘱的做法不仅向西方蔓延，而且遍及小亚细亚和叙利亚。另外，我知道一桩索赔案，发生在身处埃及的古希腊人与埃及当地公司之间，你们如果想清楚地了解它的审查过程和判决过程，可以阅读几年前由阿梅戴·佩龙(Amédée Peyron)[②]出版的《都灵莎草纸(第一辑)》(Papyrus I of Turin)[③]。《都灵莎草纸(第一辑)》应该会再版。书

[①] "我头脑清醒时，经过深思熟虑所立之愿"在伊塞优斯演说中反复提到。针对有争议的继承问题，即使遗嘱真实并且得到充分证实，如果有证据显示，立遗嘱人在立遗嘱时受到不当影响，如立遗嘱人在立遗嘱时精神错乱、受到药物影响，或被欺骗等，遗嘱也可以被撤销。在今天，伊塞优斯讨论的案例也可能发生，并且会以同样的方式进行讨论。——原注

[②] 阿梅戴·佩龙(1785—1870)，意大利语言学家、政治家。——译者注

[③] 《都灵学院学报》(Transactions of the Academy of Turin)，1826年。——原注

中显示，法院最后的判决长达好几页，全用希腊语书写，保存完好。这份判决记录一定一直都保存在瓦罐里，因为它被发现时，仍然完好无损。这份记录详细地记述了案件从最初，即判决前四十年到判决的整个过程，提供了先前的判决结果及新的证据，其清晰程度，即使美国最高法院也无法超越。这份记录里的每一句话都有严格的法律和朴素的常识。当证据互相矛盾时，则以绝对的公平来权衡。记录中没有一句迷信的话，没有一句诉诸神灵的旨意，也没有一句诉诸任何超越受过教育的人类理性的权威。因此，这是一份绝对具有现代意义的文件。可以说，古希腊为后来几个世纪的民法定了基调。

接下来，我会谈一个更宏大的话题：古希腊毗邻城邦之间的关系，或者说强大城邦与弱小城邦之间的关系。古希腊的早期历史为国际法研究提供了一个独特的研究领域。在现代人看来，众多小城邦拥有完全不同的政体。每个城邦都生活在各自的法律和传统框架下，城邦之间彼此独立。实际上，古希腊各个城邦之间的界限甚至更加明显，因为不同城邦的公民之间通婚或一个城邦的公民获取另一个城邦公民的财产都违反了当时的精神，通常是受到法律禁止的。城邦之间的各种条约、联盟及争端，不仅数量庞大，而且种类繁多。你们如果阅读欧洲最早的与这类法律有关的优秀作品，如格劳秀斯(Hugo Grotius)著名的《战争与和平法》(*The Law of War and Peace*)，就会发现，《战争与和平法》中的大部分例证都取材于古希腊历史。下面，我们先来讨论一下战争的问题。

从荷马时代起，古希腊人之间的感情就日益加深。这在一定程度上减轻了古希腊人之间的战争苦难。当时不允许使用有毒武器。战俘成为胜利者的奴隶后，往往会赎身。赎金现象十分普遍，根据希罗多德的说法，整个伯罗奔尼撒甚至存在一个公认的为战俘赎身的价格：两块肉。在黄金时代，参战人员的妻儿不会被战争直接波及，参战人员只要关注这场仅影响他们个人安危的冲突即可。不过，战争总是可怕的，美化战争只会提高胜利者付出的生命代价和财富成本而已。如果把古希腊时期的战争与现代欧洲早期持续几个世纪的战争相比，如与神圣罗马帝国的三十年战争相比，你们会发现，人性的天平非常坚定地倒向古希腊这边。在受到攻击的古希腊城邦里，非战斗人员虽然根据战争法而成了奴隶，但比起现代社会那些不幸的神圣罗马帝国城镇里的居民，他们的处境其实要好得多。此时，我迫不及待地想要终结这个令人悲伤的话题。正如修昔底德所说："战争是一个严厉的任务制造者，让人们的心和环境一样艰难。"

接下来，我们讨论一个令人心怀感激、更具建设性的话题：和平时期，古希腊各城邦之间的关系，特别是为了防备外来的风险，各城邦之间展开的政治联盟。很明显，许多小城邦只能听任强大的入侵力量摆布，因为强大的入侵力量有能力一个接一个地征服小城邦。因此，小城邦之间的联盟绝对必要。

当然，小城邦之间的联盟也可以是为了主动出击，就像荷马史诗中的特洛伊战役一样。所以后来的历史中，许多古希腊理论家实际上推崇将联盟政策作为征服的动力，亚历山大大帝的征服即是如此。不过，很长一段时期以来，各城邦之间暂时的结盟只是为了应对迫在眉睫的危险。度过危机后，联盟很快就瓦解了，因为双方又恢复了之前的孤立政策。从公元前7世纪起，斯巴达力量增强。这个情况迫使伯罗奔尼撒的小城邦之间形成了半强制性的联盟。后来，波斯战争危机结束后，亚细亚的希腊人将自己置于雅典的领导下，用专业术语来说，这就是所谓的"霸权"。这是由一个主要城邦领导的联盟，通常，主要城邦的任务是在战时指导联盟的政策，而在和平时期，主要城邦不应干涉其余各城邦的内政。但你们都知道，拥有支配权的雅典后来是如何逐渐侵犯盟国自由，并使盟国真正变成向雅典进贡的附庸的。当盟国试图寻求真正的独立时，雅典将其视为叛乱，甚至动用军队镇压。斯巴达继承霸权后，与"前任"相比，其行为如出一辙，也许更加严苛。因此，人们反对拥有支配权的城邦的暴政及其对希腊其他地方的"奴役"。不过，支持者们认为，就防止外来入侵势力统治而言，结盟十分必要。支持者们还指出，为了确保海上安全、贸易增长及古希腊文明的声誉，拥有支配权的城邦的公民付出了大量劳动，做出了巨大牺牲。总的说来，拥有支配权的城邦一旦获得权力，就会谋求一直保有这种权力。

如果几个独立的城邦为了共同的目标结成联盟，如果联盟内任何一个缔约的城邦认为己方的自由受到侵犯，那么是否可以退出联盟？这是一个重大问题。直到19世纪，关于该问题的争论仍不绝于耳。我觉得，无须考虑更复杂的情况，如联盟后来又创建了一些新的城邦，后来创建的新城邦实际就是联盟的孩子。你们知道，在古希腊，只有通过一场大战，重大问题往往才能得到解决，而战争只不过是古希腊特有的类似冲突的一个插曲而已。岁月悠悠，世界变化宛如沧海桑田。虽然过去和现在一直存在一种强烈的倾向，认为弱小民族就该受到强大民族的压迫(你们应该还记得布尔战争期间所有欧洲媒体的情绪)，但人类可以从许多优秀国家的诞生和成功中吸取有益的经验。不过，总的来说，帝国思想(imperial idea)并非不受欢迎。古希腊的情况恰恰相反。从始至终，联盟中较弱小成员脱离联盟的权利在理论上一直得到维护，在实践中却产生了致命的后果。

十二个微不足道的亚该亚城邦合并成著名的亚该亚同盟(Achaean League)时，同样的问题以略微不同的形式呈现。亚该亚同盟决定在其中一个城邦召开大会，选出议会和行政官员。所有同盟成员都有权参加该大会，不过当然只是有闲暇的人才会参加。此外，每个城邦都有一次集体投票的机会。此时，各城邦拥有的人口多寡不会直接影响投票结果。会议期限为三天，议题则由行政人员准备。在单个城邦是否有权和同盟以外的其他城邦单独缔约的问题上，整个会议陷入僵局。会议上产生的关于此问题的方案成了亚该亚同盟早期的一篇优秀文章。对这份方案，美洲联盟(American Union)①的创立者们从各个方面展开深入研究。根据古希腊思想的精神，同盟内部各个城邦当然完全独立，但在现代人看来，同盟内部各个城邦与同盟以外的势力单独结盟似乎很荒谬。然而，亚该亚同盟的古希腊人和其他古希腊人一样，都赞成各个城邦之间绝对独立。最终，出于忌妒或者野心，邻邦对亚该亚同盟多有干涉，使其变得支离破碎。

城邦结盟形成了一个由文明社会组成的集合体。联盟内所有人使用同样的语言，拥有相似的文化理念。联盟不会被敌对的信条割裂，一旦团结起来，就能对周边产生压倒性的影响。但联盟内部的权力均衡和发展，却常常因各城邦的相互猜忌和不断纷争而陷入瘫痪，并频繁出现令人痛苦的战争。除了文艺复兴时期的意大利及19世纪中期的德意志，欧洲根本没有类似情况。孩提时代，我们曾乘坐马车穿越德意志。那时，德意志还没有修铁路。我们花了整整一天时间，才穿越整个德意志，抵达边境，边境上设有海关。在这里，我们可以看到不同的国旗、不同的钱币。我估计，德意志有包括大公、选帝侯等在内的六十六位政要。但没过几年，德意志各邦便要么被吞并，要么建立帝国，要么成为附庸。古希腊各城邦的最终命运也是如

---

① 美洲联盟，美洲区域性组织，前身是1890年成立的美洲共和国国际联盟。1948年正式改名为美洲国家组织，总部设在美国华盛顿特区，成员为美洲35个独立主权国家。——译者注

此，只不过前面普鲁士扮演的角色换成了马其顿罢了。通过一场成功击败外敌的战争，马其顿不仅让自己被希腊人接受，还广受欢迎。而古希腊留给现代国家的一个重要教训在于，一个革命性的、突然出现的君主政体并不会成功，古希腊人，特别是面临外敌威胁的小亚细亚和西西里岛的古希腊人认为，古希腊各城邦需要一个君主，以便整合各城邦，凝聚强大的军事力量，拥有强大的经济实力。为此，古希腊人愿意停止内讧，甚至愿意像过去那样臣服暴君的统治。在这方面，古希腊人留下了一些精彩的文章，其中，以锡拉库萨的狄俄尼索斯、哈利卡那索斯(Halicarnassus)的摩索拉斯(Maussollos)[①]的文章最引人瞩目。古希腊人很优秀，为后世留下了大量有益的经验，但他们就像波拿巴家族(Bonapartes)的失败一样，最终没能建起一个王朝。

无论古希腊人的成功还是失败，都为后人留下了宝贵的经验。古希腊人构建了一个彻底的"现代"社会，并且饱受这种社会的弱点与恶习的影响。

你们中一些人可能会认为，上述说法自相矛盾。对此，我将通过亚里士多德及波利比乌斯描述的古希腊社会状况予以说明。亚里士多德在描述理想社会，即一个小而有序、拥有完善

---

① 摩索拉斯，赫卡托姆努斯的儿子，波斯帝国卡里亚总督，公元前377年至公元前353年在位，曾参加总督叛乱，反对波斯人的统治，在位期间大兴土木。死后葬于摩索拉斯墓(位于现在的土耳其博德鲁姆)。摩索拉斯墓是古代世界七大奇迹之一。——译者注

法律的城邦，人道的统治者为大多数公民的利益服务时指出，理想城邦必须满足一个条件，即在公民社会，中产阶层要比富人和穷人重要得多。在波利比乌斯时代，亚里士多德的理想与现实差距越来越大。不，现实中几乎没有一丝一毫亚里士多德理想社会的影子。古希腊各个城邦中，中产阶层迅速消失。为什么会这样呢？因为经济形势不断变化，大量黄金从东方涌入及其他因素的出现使古希腊人的生活开支日益增加。奢侈品渐渐被视为必需品。穷人的报酬日益丰厚，并且获准为国王提供服务。于是，穷人移民成了一种趋势，劳动力的匮乏使农业转变为田园模式。没有资本经营大农场的中产阶层越来越穷，富人则越来越富，并且越来越自私。

中产阶层如何才能维持自己舒适的生活呢？那就是控制生育，从而避免抚养孩子的责任和开销。在古希腊，人们对这种权宜之计并不陌生，原因也大致相同。波利比乌斯表示，这是当时希腊的显著特征。曾经多产的土地上居然出现了如此反常的生育现象。这个局面只有通过大量移民才能得到改善。可即便如此，国家精英已经步入老年阶段，社会上充斥着国外聚集而来的"人渣"。古希腊对精英移民失去了吸引力，因此这片曾经人口众多的土地陷入了衰退与沉睡。

古希腊文明的发展，就如同人的一生，从嗷嗷待哺的婴儿慢慢成长为朝气蓬勃的青年，历经岁月的沧桑，再慢慢衰老。古希腊文明的发展又如一年四季，既有万物复苏的春天，也曾走过夏天、秋天，最后迎来寒冬，如普鲁塔克住在荒凉的小镇上，环绕在身边的，是一片可怕的颓废气息。我还能更清晰明了地说明古希腊文明的现代性特征吗？我也许不宜在此提醒你们注意：即使时代、地域及环境存在巨大差异，导致一种文明衰败的道德因素也可能同样导致另一种文明衰败。

有着种种恶习的古希腊公民并非无知或没有受过教育。恰恰相反，他们涉猎伟大思想、感悟伟大文学的能力可能还远胜现代公民。乔治·格罗特非常审慎地表示，从政治角度看，他们接受的教育可能比自己所处时代的英国下议院普通议员还要好。他们会参加伯里克利、塞拉门尼斯(Theramenes)[①]、德摩斯梯尼发言的集会及许多其他文化背景相似的人辩论的集会。乔治·格罗特一生中，有十年时间都在处理下议院的事务。他所处的时代，英国下议院的集会其实是一群带着浓厚贵族气息的英国绅士的集会。参会人员都来自社会中上层。那么，在比较伯里克利时代的公民与20世纪英国的下议院时，乔治·格罗特会使用什么语言呢？无论如何，可以肯定的是，古希腊人为后人留下的重要教训是：在任何社会，文化知识本身都并不是腐朽的解药，甚至马萨诸塞州的波士顿也不是。

在古希腊垂死的岁月里，通过阿提卡的遗迹，可以看出

---

① 塞拉门尼斯，雅典政治家，伯罗奔尼撒战争最后十年的杰出人物。——译者注

曾经优雅的阿提卡社会的道德状况。对那时的道德状况，米南德的社会戏剧的拉丁语译本上也有所反映。在《希腊人的生活和思想》(Greek Life and Thought)中，我用了整整一章的篇幅，讨论并评价了米南德笔下的生活。你们会看到，米南德笔下的生活多么琐碎、自私、不道德、不光彩。如果这确实是米南德时代阿提卡社会的现状，那么现代人应该坚信，马其顿征服者的出现，是为了向世界表明，比起在颓废的雅典生活中消磨时光，还有更加伟大的理想。

在写《希腊人的生活和思想》时，我仍然依赖提图斯·马克基乌斯·普劳图斯和特伦斯的拉丁语翻译或改编，来评价米南德及其所处的社会。也许有人会认为，罗马改编者刻意选择了米南德所处社会中琐碎的一面，其真实的一面应当是社会富有、雅致，公众严肃而善于深思。不过，最近在埃及发现的莎草纸卷轴上的四部戏剧片段反驳了上述观点。与米南德笔下的内容相比，这四部戏剧片段中出现的内容同样琐碎，同样在愚蠢地重复粗俗而不道德的情节和话题。如果说莎草纸卷轴上呈现的阿提卡社会图景还能给现代人带来什么道德教训，那就是奴隶和妓女不仅比他们的主人有智慧，并且在道德上不比主人更糟。虽然神殿和城市的墙壁上都在颂扬重要的公民及其公德与私德，但所有这些所谓的生活画面中，没有出现一个与他人有丝毫区别的人，没有哲学家、政治家、诗人、文学家、慈善家，也从未讨论过宗教问题或政治问题。莎草纸卷轴上还有一些片段，其中甚至连庸俗的谚语或假装智慧的语句都没有。然而，勤奋的研究者仍能从米南德的戏剧中找到智慧，并让它们在成千上万的诗行中留存下来，使米南德在古希腊文学史上占有一席之地。在米南德笔下的生活画面中，随着岁月的流逝，"麦粒"和"谷壳"已经分离。从米南德那里，后世的学者和评论家发现了一些零散的"宝石"，就像人们从一个快活而愚蠢的女人的一大堆"珠宝"中挑出真正的钻石一样，而这个女人却用这些真正的钻石装饰着自己毫无价值的躯体。

古希腊政治是我今天的主题，不是无聊的题外话。古希腊政治清楚地告诉世人，雅典上流社会抛弃了"政治"这一让人类变得伟大的兴趣，因而雅典上流社会的精神生活变得狭隘、贫乏。马其顿势力的壮大、古希腊国王们的奋起及罗马共和国的崛起共同扼杀了严肃的古希腊政治发展的一切可能性。结果，严肃的人被迫在国内接受反社会哲学，活跃的人被迫在国外从事雇用服务。米南德时代及此后很长一个时期，正直能干的人要想挽救家乡的自由和尊严，仍有大量工作要做。一个世纪后，波利比乌斯向世人展示了古希腊的彻底毁灭及卢西奥·穆米乌斯(Lucius Mummius)的灾难性征服[1]，主要是因为昏君暴

---

① 公元前146年，罗马政治家、将军卢西奥·穆米乌斯率领罗马军团，从马其顿进军，并在科林斯战役中击败了希腊联军，摧毁科林斯城，使整个希腊被罗马控制。然后，他下令杀掉科林斯所有男人，妇女、儿童被转卖为奴隶。——译者注

政。时局原因使上层社会被迫退出政治对决时，暴动首领通过那些仍握有选票权的人获得了官方权力。如果上层社会面对时局的无力感源自米南德时代，那么人们应该相信，危机降临之际，那些在国家繁荣时放弃影响力的人，在大众为自己找到其他领导人时，不太可能重获影响力。

我也曾在爱尔兰见到类似的政治灾难。那些长期过着快乐、悠闲生活的老乡绅在特权和财产受到危险的骚动攻击时，缺乏公德精神，互相猜疑，鲁莽愚蠢。他们不愿花时间、金钱和精力来抵抗掠夺者，因而失去了所有朋友的同情。他们虽然呼吁英国利用国家影响力来保护自己，但拒绝一切让步和妥协，最终只能眼睁睁地看着自己的土地被剥夺，财富甚至被那些受自己庇护的人摧毁。我曾多次提醒周围的人，要注意这些不可避免的后果，但我只看到了遗憾。天欲其亡，必令其狂。

· 高阶思维——哲学——思辨与应用神学

HIGHER THINKING—PHILOSOPHY—
SPECULATIVE AND PRACTICAL THEOLOGY

在第七章，我仅谈到，对一个大型社会的一般道德水平而言，文科方面的智力训练所能产生的影响很小或者说毫无影响。今天，我要带领你们进入更高阶的领域，去了解古希腊的社会精英接受的高等教育的内容，探索古希腊的社会精英对事物本质的研究。比起今天的年轻人，你们决不能低估出身高贵的古希腊青年在头脑训练方面具有的巨大优势。首先，在古希腊社会，一份适中的收入就可以保证一个家庭舒适地生活。而在现代社会，许多体面的家庭承受着无数突发状况的折磨，以及古希腊人不会面临的种种烦恼。其次，竞争的恶魔并没有攻占古希腊各城邦。古希腊青年也不用像现代人那样不得不在考试中争夺第一名，结果为其所累，也就是说，他们不用成为考试的奴隶。最后，对古希腊青年而言，长途跋涉没有任何意义，因为值得一看的东西都近在咫尺。现代世界只有荷兰，也许还有意大利北部，能提供短距离内的同样的乐趣。美国人把大量时间花在旅途中，而这也许是阻碍美国人智力发展的严重障碍之一。如果北美面积只有现在的十分之一，那么北美的居民可能会有闲暇接受更好的教育。

那些只听说过柏拉图而想通过本杰明·乔伊特(Benjamin Jowett)①的文雅译本来认识柏拉图的美国人，一定会对柏拉图为

---

① 本杰明·乔伊特(1817—1893)，牛津大学具有影响力的导师、改革家、神学家，一位翻译柏拉图和修昔底德作品的大家，曾担任牛津大学巴利奥学院院长。——译者注

得出结论而花费如此多的时间感到震惊。不，有些很长的对话，最终还是没有得出任何结论。对高阶的大脑训练而言，柏拉图式的对话必不可少。在庸人看来，思维训练纯属浪费时间。其实，它不是浪费时间，而是在为了一个伟大的目标竭尽所能。地球能够沿着轨道正常运行，是因为地球在绕着地轴旋转，同时，地球自转使整个地球表面都能接受太阳照耀。在柏拉图的《对话录》（我所知的高等教育的最好实例）中，你们会了解到，所见非所感，人们能看到的事物不是生活的物质需要，也不是在尘世获得成功的目标，而是像圣保罗与菲利克斯(Felix)[①]论证的一样，所有一切都与公义和节制，与未来的审判有关。不过，即使是道德研究领域，也不是古希腊教育涉猎的最高级领域。古希腊早期的老师教导古希腊人思考宇宙及其构成、思维的本质、物质的本质及其他形而上学的高阶问题。

古希腊哲学值得注意的一点是，在哲学领域，祭司或巫师没有话语权。哲人是宗教的门外汉，不必惧怕教皇，不必在意教会的禁令，可以自由运用理性来解决问题，甚至是神学问题。不过，确实有一些例外，如一个否认传统神灵存在的人或一个被人们认为否认传统神灵存在的人，有可能会激起民愤。

---

① 菲利克斯(Felix)，大约出生于公元5年到公元10年，罗马帝国皇帝克劳狄一世、尼禄时的佞臣。公元52年至60年担任犹太行省总督。在任期间，他荒淫无道，贪财好利，后因工作不力被尼禄罢免。——译者注

米洛斯的狄奥戈拉斯(Diagoras of Melos)[1]被称为无神论者。当时的社会认为，他的言论十分危险，遂将他驱逐。苏格拉底也被以同样的方式起诉，因为有人怀疑他在年轻人中传播怀疑论。不过，他被处死的唯一理由，是他的行为严重扰乱了国家的既定秩序。他如果按常规为自己辩护，顶多会被罚款而已。我列举这些个案，只是为了避免你们误认为它们是典型案件。实际上，古希腊哲学是世俗的，也是自由的。

通过思辨，古希腊最早的思想家、伊奥尼亚学派的思想家试图解决现代物理学研究得最深入的问题。他们认为，或者说他们根据观察推断出，"事物并不像其表面上看起来那样"。他们发现，人类感官能感知到的许多特征并不是事物的基本特征或主要特征。正如勒内·笛卡尔、约翰·洛克(John Locke)[2]和巴吕赫·斯宾诺莎(Baruch Spinoza)[3]教导的那样，同种微小粒子的机械构成不同或者粒子的运动程度不同，都可能给人完全不同的印象。现代人却要经过长期实验，才得出上述结论。对普通人而言，事物最明显、最引人瞩目的特征就是色彩。勒内·笛

---

[1] 米洛斯的狄奥戈拉斯，约公元前5世纪后期的古希腊抒情诗人、哲学家。他因无神论而被判处死刑，后改为流亡。作品只有残篇留存。——译者注

[2] 约翰·洛克(1632—1704)，英国哲学家、医生，被公认为启蒙运动最具影响力的思想家之一，被誉为"自由主义之父"。——译者注

[3] 巴吕赫·斯宾诺莎(1632—1677)，具有葡萄牙和西班牙血统的荷兰哲学家，西方近代哲学史重要的欧陆理性主义者，与法国的勒内·笛卡尔、德国的莱布尼茨齐名。——译者注

卡尔曾预测，粒子旋转速度的差异形成了色彩差异。然而，人们现在已经了解到，色彩差异的产生是以太①振动的差异所致，而不是旋转带来的；声音差异也是以太振动的差异所致，所以颜色和声音的差异都是由于振动速度的差异导致的。这就是为什么泰勒斯(Thales)②、阿那克西米尼(Anaximenes)和阿那克西曼德(Anaximander)③会说，世界只由一种元素构成，并且水、热和以太都是构成世界的原始物质。他们不仅是形而上学者，而且以不同方式展示了智慧。令同时代的人惊讶的是，泰勒斯竟然准确预言了日食。④他表示，就为水手提供导航的功用而言，比起大熊星座，北极星尾的小熊星座的帮助更大。泰勒斯把难以接近的一个物体的影子与伸手可及的一个小物体的影子相比，从而解决了可望而不可及的物体的高度测量问题。他还提出了很有价值的政治建议。因此，他的形而上学是广泛的精神活动的源泉与高潮。阿那克西曼德也是如此，他试图绘制已知世界的第

---

① 以太，古希腊哲学家亚里士多德设想的一种物质，为五元素（另外四元素为水、火、气、土）之一。——译者注

② 泰勒斯(约前624—约前548年)，古希腊数学家、天文学家、哲学家，古希腊七贤之一，被誉为"科学和哲学之祖"。阿那克西曼德和阿那克西米尼等是他的学生。他在古希腊第一个提出"什么是万物本原"这个哲学问题，并提出水的本原说，即"水是万物本原"。——译者注

③ 阿那克西曼德(约前610—约前546年)，古希腊哲学家。他上承泰勒斯，下启阿那克西美尼。为了解释世界的本原问题，在哲学上提出了阿派朗（即无限、无定者、无定形）的概念。——译者注

④ 这次日食发生在公元前585年5月28日。——原注

一张地图，并在天文学方面取得了重大进展。阿那克西米尼宣称，日食是一个天体被另一个天体遮住的现象。上述虽然都属于巨大的成就，但与解决世界起源和世界本质问题的大胆尝试相比，上述努力根本不值得一提。在解决世界起源和世界本质问题的大胆尝试中，虽然出现了错误的推论，但留下了一些有益的思想，而这些思想正是高级哲学的种子。

泰勒斯提出，所有动植物生命中都存在一个共同元素，即动植物生命中真正的物质或原始物质。阿那克西曼德认为，热（或火成岩原理）是发展原始物质的必要条件。阿那克西曼德的作品已经失传，所以人们并不了解其观点。但可以确定的是，阿那克西曼德的地理研究显示，人类生活的世界曾经被水覆盖，陆地形成于水。此外，他主张，除了事物的原始物质，没有什么是永恒的。他是第一个提出这种主张的人。

> 入云的高塔，华丽的官殿，
>
> 庄严的庙宇，甚至大千世界，
>
> 是的，以及这个世界上的一切，
>
> 终将消散，
>
> 就像一场幻境，
>
> 连一点儿痕迹都不曾留下。
>
> 我们就像梦境中的人物，

一生都在酣睡之中。[①]

从最广泛的意义上说，即使是面对古希腊万神殿的诸神，阿那克西曼德也一样坚持自己的学说。与他相比，阿那克西米尼的思考更深入。阿那克西米尼认为，宇宙中的以太粒子是最微妙的，他还提出了物质的统一和凝聚原则。阿那克西米尼表示，物质的统一和凝聚原则是我们肉眼看到的物体存在差异的主要原因。他的学说是原子论者的学说的第一次表达，原子论一直延续到了今天。

实验主义者常常傲慢地表示，现代科学的各种推测只是在黑暗中摸索，仅仅依赖人们肤浅的所谓的"观察"，而并非基于实验。更令人惊奇的是，根据实验主义者的观点，人们应该深入事物的本源，从理性层面思考关于世界构成的可能性。然而，人们在实际中并没有做到。毕竟，抽象思维才是每个伟大发现的基础。实验主义者完全摒弃了古代诗人留下的神学宇宙生成论，开创了一门由纯粹、高尚的思维产生的自然科学。

赫拉克利特更是如此。不过，我只能用几句话向你们介绍赫拉克利特的一些精彩推论，因为要了解其中任何一种理论，都需要一整场讲座的时间。首先，赫拉克利特赞同两位前辈的观点，即自然界中所有物质的基础都是一种元素。他在常

---

① 节选自威廉·莎士比亚的《暴风雨》(The Tempest)。——译者注

人所说的"火"中寻找这种元素。不过，他从火中发现了一种更微小的特质，即这种元素一直处于动态变化之中，一刻也不曾停息。从这角度来看，整个宇宙是经过一个冷却过程进化而来的，并发展形成了现在的土壤、水及其他物质，但一切最终都会回到它们的原始状态。皮埃尔–西蒙·拉普拉斯(Pierre-Simon Laplace)[1]假设，整个行星系统起源于一个白热的旋转物体。比起皮埃尔–西蒙·拉普拉斯的远见卓识，另一种理论更加引人瞩目：感官无法察觉的物质一直在不停地运动，自然界的一切不可能绝对静止。

> 天地万物并非一蹴而就，
>
> 世界在变化，但不会褪色。
>
> 且让风吹，
>
> 晨昏昼夜，日复一日，直至永远。
>
> 万物不会毫无缘由地消失或诞生，
>
> 一切都在变化之中。[2]

---

[1]　皮埃尔–西蒙·拉普拉斯(1749—1827)，法国著名天文学家和数学家，对天体力学和统计学的发展举足轻重。著作有《天体力学》《宇宙系统论》。在《宇宙系统论》中，他提出了星云说。这是第一个科学的关于太阳系形成与演化理论。——译者注

[2]　节选自丁尼生的诗歌《万物不亡》(Nothing will die)。——译者注

就在昨天，物理哲学家宣布支持上述学说，并称物质的每一个粒子都是由不停地运动的较小粒子组成。针对物质性质的相对性(即根据感官确定物质的性质好坏)，赫拉克利特的解释同样清楚。他还由此得出结论：矛盾可能共存，自然界的一切都存在于相互对立的永恒冲突之中。赫拉克利特表示，自然界一直处于"战争"状态。所谓的"战争"一词，含义比后人理解的"战争"要深刻得多。

赫拉克利特的上述猜想出现在一篇离奇、生动而深奥的论文里，连亚里士多德都觉得他的猜想难以理解。如果说曾有一种宏伟的想象力在人们头脑中播下种子，经过多少代人的努力，种子在现代科学中萌芽，那么这种宏伟的想象力就是赫拉克利特的想象力。赫拉克利特神秘莫测的话语加上悲观的言辞及对普罗大众的极度蔑视，总是吸引并刺激着思想敏锐的人们。

我要谈论的下一个伟大人物，是毕达哥拉斯。毕达哥拉斯的影响在于，他不仅革新了古希腊科学，而且改变了古希腊的政治和伦理，为人类树立了比传统道德更高尚、更纯粹的新理想。前文中，我已提到过一些关于毕达哥拉斯的内容，现在，我将继续讨论与毕达哥拉斯同时代的人及毕达哥拉斯的继承人。

埃里亚是伊奥尼亚人(Ionians)[1]的古老殖民地，位于帕埃斯

---

① 伊奥尼亚人，古希腊四个主要部族之一，其他三个部族分别是多利安人、伊奥利亚人、亚该亚人，使用伊奥尼亚语。——译者注

图姆(Paestum)以南的意大利海湾。埃利亚(Elea)学派的创始人是克塞诺芬尼(Xenophanes)[①]。他曾大胆批判以《荷马史诗》为代表的通俗神学，能轻松指出《荷马史诗》中奥林匹斯山上居民的道德缺陷，从而推断出《荷马史诗》的不真实性。他推崇宇宙统一的学说，也认同造物主传说(如果造物主存在的话)。泛神论吸引了精神高尚的人，甚至是冷漠而务实的盎格鲁-撒克逊人。在远东哲学体系中，世间万物与世界永恒之因合一的情感确实出现过，但从来没有哪个民族像古希腊人那样，以如此多样的方式讨论过泛神论。高雅的诗歌、严谨的逻辑、激烈的争论都在支持泛神论。对头脑清醒、善疑的古希腊人而言，比起和日常生活毫无接触、不愿屈尊于争论的隐修者宣扬的理论，泛神论这种模糊、超然的理论更加引人瞩目，因而在精神上更富有成效。早期的古希腊泛神论者是在公共生活中具有崇高品格的人，他们因实践智慧和文学成就而受人尊敬。这些早期的泛神论者留给世人一个惊人的理论：人类能感知的一切都是虚无缥缈的，人类对原始元素或物质的假设是徒劳的，一切都终于伟大的"一"。这个"一"包含一切，将神与人、物质与精神融合到

---

① 克塞诺芬尼(约前570—约前478)，古希腊哲学家、神学家、诗人及社会宗教评论家。此处，原作说法有误，巴门尼德是埃利亚学派的创始人，而克塞诺芬尼有时被认为是埃利亚学派成员之一，但也有人不同意这一说法。伊利亚今名韦利亚，位于今意大利南部的坎帕尼亚，它曾是古希腊的殖民地。——译者注

包罗万象的单一存在中。一位古希腊神秘主义者曾表示："诸神是'他'的欢笑，凡人是'他'的眼泪。"

早期的古希腊泛神论者提出的这一学说的积极一面主要归功于巴门尼德①。除了苏格拉底，柏拉图对巴门尼德的评价最高。旧理论把感官世界所有的特点都简化为单一物质的表现形式，而巴门尼德显然推动了旧理论的进一步发展。感官的每一种感知都展现出一种感官数据，不同的感知拥有不同的感官数据，感官呈现了一个各者皆备的世界。从本质上说，所谓的精神和物质并非完全不同，它们只是原始的"一"的不同侧面。

你们如果在思考古老的推论，可以阅读近代形而上学之父勒内·笛卡尔的理论。勒内·笛卡尔认为，广延②和思维这两个普遍因素不过是一个包罗万象的实体的特点，这一实体，勒内·笛卡尔称为"神"。你们也可以了解一下勒内·笛卡尔的学生巴吕赫·斯宾诺莎，巴吕赫·斯宾诺莎是17世纪(也许是任何时代)最重要的泛神论者。

各个时代的普通民众一定会认为，这些古老的推论特别荒谬。首先，支持它们的论据当属人们感官的不可靠性。人们

---

① 巴门尼德(约前515—前445)，古希腊"前苏格拉底"哲学家之一，埃利亚学派创始人。主要著作是《论自然》，今只余残篇。巴门尼德认为世间的一切变化均是幻象，所以人不能凭感官来认识真实。——译者注
② 广延，勒内·笛卡尔"第一哲学"特有的哲学术语，指物质的空间属性，即所谓的长、宽、高，凡是物质，必然占据空间。——译者注

的感官不仅具有误导性，而且会使人对同一事件得出自相矛盾的结论。其次，思想家普遍认为，所有表象的变化中必定存在某种永恒的、不可摧毁的东西。再次，任何可感知的物质，如水或空气，无论多么微妙，都无法满足永恒的条件，也无法占据比对立理论更高的地位。因此，你们必须从物质的表象特征中抽离出越来越多的东西，直到获得那个纯粹的存在，即一切与虚无、精神与肉体、统一性与无限性、永恒、不灭、一成不变、曾经存在或将会存在的一切本源和物质。

你们可以想象，聪明、务实的古希腊大众是怎样看待哲人提出的美妙梦想的。从那时起直到现在，每当玄学家或神秘主义者重新阐释先哲的伟大理论时，普罗大众就会深思事物的本源。芝诺(Zeno)①的功绩在于，向吹毛求疵的批评家们表明，哲学家曾经在追寻真理的过程中放弃感官的原因源于日常生活。嘲笑者永远无法解决哲学家遇到的难题。我之所以强调这些智力上的难题，是因为直到今天，它们仍然困扰着哲学家。无论如何，人们不得不承认，古希腊人是现代思想之父。你们千万不要想当然地以为，不会产生立竿见影的效果的细微之处就没

---

① 芝诺(约前495—约前430)，古希腊数学家、哲学家。他最为人所知的是提出了四个关于运动不可能的悖论。这是他为了支持老师巴门尼德的理论而提出的。他指出，世界上运动变化的万物都不真实，唯一真实的是巴门尼德的"唯一不动的存在"，所以"存在"是一而非多，是静而非动。——译者注

有价值。比如，你们可能会说体育运动毫无用处，因为体育运动除了增强人的体格、改善人的脾气，别无他用。那么，芝诺的难题是什么呢？我讲讲其中最著名的一个：声音由没有声音的物质组成。这能想象吗？然而，这种荒谬性可以得到证明。将手中的一粒谷子撒在草地上，人们听不到一点儿声音。接着撒第二粒、第三粒……以此类推，直至成千粒。每一次谷粒掉在草地上，人们都听不到声音。但倾倒满满一车谷子，就会发出特别大的声响。如果单独一粒谷子掉在草地上是无声的，那么为什么倾倒一车谷子就会发出特别大的声响呢？类似地，如果两个物体向同一方向运动，一个较慢，另一个较快。你们会认为后者很快就会超过前者。然而，事实并非如此，也可以得到证明。比如，跑得较快的阿喀琉斯想追上一只乌龟。同样时间内，阿喀琉斯跑一百码[①]，乌龟只能爬十码。如果阿喀琉斯跑完一百码时，乌龟仍然领先一码，那么阿喀琉斯跑完一百零一码时，乌龟仍然领先十分之一码；阿喀琉斯跑完一百零一点一码时，乌龟仍然领先百分之一码，然后是千分之一码……以此类推。如果把一百码换成一百一十一码，那么乌龟就领先十一码。由此可以证明，阿喀琉斯永远追不上乌龟。

多少世纪以来，芝诺留下的问题一直让各学派争论不休。即使是现在，即使在人类自诩已经获得巨大进步之际，你们要

---

① 码，英制长度单位，1码约等于0.9144米。——译者注

找到一个合乎逻辑的解决方案，也不容易。幸运的是，现代不像中世纪。听说中世纪时，不少学究有的疯了，有的死于脑热，因为他们无法调和神灵对事物的预见、预先安排同人类的绝对自由意志之间的矛盾。我真心希望，中世纪的让·比里当(Jean Buridan)[①]的毛驴为了追求绝对公正的想法没有让你们吃尽苦头。在两捆完全一样的干草面前，他的毛驴找不到理由应该先吃哪一捆，最后只得饿死。我相信你们会明白，古希腊人留给人类的哲学思考是现代教育的重要组成部分。

古希腊人留给人类的众多遗产并不仅限于争议性的硬逻辑。如果我没弄错，那么当今的优秀诗歌都得益于如下理论：本质上，自然界的一切都一样；一切事物，无论是无声的还是有声的，无论是静止的还是活动的，无论是美丽的还是丑陋的，都是伟大的"一"的表现。伟大的"一"是一种不可言说的物质，有人称之为"世界的灵魂"，有人称之为"宇宙"，还有人称之为"神"。虽然人类只有在变化中才能理解神，但神本身没有发生变化。在珀西·比希·雪莱、威廉·华兹华斯、丁尼生的作品中，你们可以找到泛神论的影子。毫不夸张地说，正是受到了类似神圣理论的鼓舞，诗人的灵感才迸

---

① 让·比里当(约1301—约1359年)，法国哲学家，经院哲学博士，欧洲宗教怀疑主义倡导者。1340年，他再造了冲力说理论。他将促使物体运动的性质称为冲力。认为冲力由推动者传送给物体后，促使物体运动。思想实验"布里丹之驴"即以布里丹的名字命名。——译者注

发，创作出高雅的诗歌。甚至在一篇文章中，我的老朋友约瑟夫·亨利·肖特豪斯(Joseph Henry Shorthouse)[1]指出，受人尊敬、循规蹈矩的威廉·华兹华斯很难被称为"基督徒"，因为他的作品里充斥着泛神论。确实，他对人类灵魂存在之前的看法是柏拉图式的，其作品中的泛神论确实受到柏拉图的影响，但其本人不受泛神论支配。他是最不稳定的诗人，甚至常常算是平淡无奇的诗人，但人们能够在他最顶尖的作品中感受到与自然的交流，这毫无疑问是古希腊式的，而非英国式的——

> 一种崇高之感
>
> 一种更深层次的融合
>
> 有落日的余晖
>
> 有开阔的大海和清新的空气
>
> 有蓝天和人的心灵
>
> 一种动力，一种精神，推动着
>
> 所有有思想的东西，所有被思考的对象
>
> 穿过一切而前行。[2]

因为时间关系，我无法深入探讨丁尼生及其他诗人的泛神

---

① 约瑟夫·亨利·肖特豪斯(1834—1903)，英国小说家。——译者注
② 节选自威廉·华兹华斯的《丁登修道院旁》(Tintern Abbey)。——译者注

论主题。泛神论的确只是短暂出现的现象，但确实存在。在一个温顺而平凡的民族的歌声中，泛神论好似一个奇怪的音符。

现在，让我们来看看古希腊的圣贤。虽然阿那克萨戈拉 (Anaxagoras)[①]和恩培多克勒 (Empedocles)[②]是他们那个时代非常杰出的人物，但似乎没有必要花太多时间在他们身上。阿那克萨戈拉假设，原始粒子的质量各不相同，质量各不相同的原始粒子构成质量各异的普通事物。例如，进入人体的食物对身体各个部分都有影响，如肉、头发、指甲、内脏。食品中存在各种各样的颗粒，每一种颗粒都有助于滋养人体中与其构成一样或相似的部分。如果要问身体各部分是如何结合在一起并组成一个整体的，阿那克萨戈拉非常强烈地感受到，有必要解释运动的概念，所以他确立了著名的"精神"（Nous）主张。他认为，"精神"虽然比其他因素更微妙、更活跃，但仍然是一种物质元素，就像人们现在想象中的以太一样。亚里士多德认为，阿那

---

① 阿那克萨戈拉（约前500—约前428），古希腊哲学家、科学家。他首先把哲学带到雅典，影响了苏格拉底的思想。他用"精神"（智性）的概念解释自然变化，认为"精神"超然独立，纯净无瑕，引发变化。雅典人相信天体是众神，认为阿那克萨戈拉的天文学说违背了他们的信仰，被控告不敬神。——译者注

② 恩培多克勒（前490—前430），公元前5世纪的古希腊哲学家、自然科学家、政治家、演说家、诗人，据说他还是医生、医学作家、术士及占卜家。他在其家乡西西里岛的阿格里根特备受争议而被流放。他的思想受当时占主流的毕达哥拉斯学派和埃利亚学派影响。著有长诗《论自然》《净化》及一篇散文《医论》，目前只余残篇大约450行。——译者注

克萨戈拉是一位伟大而富有成果的创新者，因为他认识到，要不是某种非物质的，或精神的，抑或理想的因素，无生命之物就不可能活动，甚至不能移动。虽然他在这个领域只前进了一小步，并且是在摸索中前进，但对柏拉图和亚里士多德而言，他是前辈，这本身就是不小的赞誉。著名的恩培多克勒提出了爱与恨的原则，就像现在人们所谓的吸引与排斥一样，用以解释自然界外在的变化与活动。

请注意，伊奥尼亚的哲学家中，没有一个人提出物质与精神之间的巨大反差。他们认为，心灵现象不过是微妙的、难以捉摸的元素组合的结果，这些元素与物质的本质并无实质区别。因此，当一个完全不同的学派，即伊奥尼亚学派回顾古人的成就时，对伊奥尼亚学派而言，阿那克萨戈拉的"精神"和恩培多克勒的"爱与恨"几乎没有取得任何实质性的发展。事实上，历史上有一段时期，"发展"似乎走向了另一个方向。如谈到柏拉图及其追随者的理想哲学之前，人们会注意到，比起之前所有的理论，留基伯(Leucippus)[①]和德谟克利特(Democritus)的原子理论都更唯物主义。原子理论认为，宇宙中只有原子和真空；原子只有一种质量，是坚硬的物理粒子；原子能够存在于每个物体的真空中，并且进行无限的机械组合。迄今为止，

---

① 留基伯，古希腊哲学家，德谟克利特的老师，率先提出原子论，即万物由原子构成。——译者注

原子理论是解释物质构成最简单的假说。这种假说一直延续到文艺复兴时期，并成了现代化学科学的基础。原始原子并没有被设想为数学点，也没有像莱布尼茨(Leibniz)[1]的单子那样具有任何精神上的特点。原始原子非常小，无法穿透，外形各不相同。原子组合的密度差异及物体中微小空隙的差异，是物体比重不同的原因，而原子形状的差异又让物体具备了其他不同的特征。

原子是怎么聚集在一起的呢？关于这个问题，德谟克利特的观点可能会让现代评论家大吃一惊。很可能受到赫拉克利特的理论影响，德谟克利特认为，原子的运动是一个基本存在的事实；原子并不总是在真空中直接碰撞，有时也可能是斜着碰撞；原子相互撞击时的旋转运动形成旋涡，这些旋涡要么吸引合适的原子，要么因旋转产生的离心力而排斥其他原子；因此，运动中的原子不仅构建了人们在宇宙中观测到的巨大球体，也构建了人类世界中的普通物体。对物体形状不规则的原因，德谟克利特的解释十分复杂，因此在这里，我不再深入讨论相关内容。不过，他的理论到底具有怎样的意义呢？我可以

---

[1] 莱布尼茨(1646—1716)，德国哲学家、数学家、科学家。他被誉为17世纪的亚里士多德。数学上，他对二进制的发展做出贡献，还和牛顿先后独立发明微积分。哲学上，他以乐观主义理论著名。他还在物理学、生物学、医学、地质学、概率论、心理学、信息科学、政治学、法学、伦理学、神学、哲学、历史学、语言学等学科有所成就。——译者注

用一句话来概况：德谟克利特凭借其想象力认为，太空中存在无穷无尽的系统；这些系统的差别仅在于大小不同，有些系统拥有几颗卫星，有些系统正在形成，有些系统由于碰撞正在毁灭，有些系统因为没有水，所以没有动植物存在。通过望远镜乃至分光镜，后人得出了上述结论，但了不起的德谟克利特仅凭哲学思考，就得出了上述结论。

亚里士多德反对原子理论。他认为，原子理论只描述了现象，没有指出原子为何最初就处于运动状态的原因。原子理论显示，没有建筑师也没有造物主让无数的粒子动起来，并且是有规律地运动。亚里士多德被一种哲学假说(即物质的静止状态先于物质的运动状态，并且物质的静止状态更自然)误导了，而直到今天，这种哲学假说还在发挥影响力。人们被相对运动的假象误导和欺骗，认为物质在没有受到主动干扰之前，停留在一个固定的位置。20世纪以来，旧的谬论几乎让位于新的观念：自然界中不存在所谓的静止，即使是固体物质的粒子也并非绝对静止。因此，德谟克利特的原始假说，即运动是物质的自然状态，成了科学界的一个奇妙设想。这再次表明，与实验科学相比，人类仅凭思考也能取得如此巨大的进步。即使是现在，当实验物理学的学生正在退化成单纯的机修工并试图通过精密机器来审视自然、记录自然时，杰出的大学里那些早年被迫获得古希腊哲学知识的人向我拍着胸脯说，古老的万物有生命论者(即伊奥尼亚学派)的研究是对"在实验中构建理论"这一任务的最好介绍。我阅读现代科学家的文章时，发现一些科学家对万物有生命理论一无所知。他们缺乏连贯的科学思维逻辑，缺乏清晰的想象力。我们知道，为了推进所谓的原创研究，现代大学里的科学家需要大量的实验室、机械设备、维修投入等。我们应该开诚布公地告知他们并反复强调，在原创性研究方面，任何一个纯粹的机械师或商人，无论装备多么精良，都一文不值。原创性研究的崇高使命，首要的是要求研究者接受严格的智力训练。研究者要会思考，并提出机械工具可以或不可以验证(或说明)的理论。现代科学最杰出的发现者是那些拿着劣质工具、使用小设备的人。古希腊人没有先进的设备与工具，仅凭纯粹、可靠的推理，就接近或解决了世界上无数的谜团！当现代科学界的人物对古希腊人没有现代仪器却走得如此之远产生疑惑时，我很想告诉他们，抽象思维是每一项伟大发现的真正基石。

现在，古希腊哲学已经把我们引向科学领域，引到世界的构成问题上，带领我们对浩瀚的宇宙、动植物生命的物质结构、宇宙的存续问题及宇宙的起源展开猜想。用一种过时但非常方便的表达来说就是，所有这些都可以视作自然哲学。古希腊另一场思辨革命伴随苏格拉底而起，它就像一盏明灯，透过柏拉图和亚里士多德，照到斯多葛学派和伊壁鸠鲁学派，其余晖甚至照进了黑暗时代的旧世界。哲学家伊曼努尔·康德(Immanuel Kant)提到的两样东西，一直给我留下了无与伦比的威严印象：繁星点点的夜空及内在的道德法则。我现在要讲的是人类哲学的另一个方面。它既与深刻的形而上学联系在一起，又与普通的实际生活联系在一起。与这方面有关的材料繁多，证据齐全，所以我不必花太多时间在这上面。虽然你们一些人可能不太了解"现代系统之父"巴门尼德或留基伯，但我相信，你们谁也不会怀疑柏拉图和亚里士多德对现代思想产生的巨大影响。

你们千万不要过分夸大苏格拉底和诡辩家们的哲学革命。他们可能的确轻视科学推测，不愿研究宇宙的构成。高尔吉亚甚至把自己对知识真实性的怀疑变为一种理论，并撰写了一篇著名的文章。在文章中，他表示，人类不可能知晓一切。他绝不是古希腊哲学中唯一的虚无主义者。从柏拉图那里，人们发现了高级的物理推理、宇宙理论，还发现柏拉图把前辈们的知识或融入自己的理论体系，或用作例证，特别是毕达哥拉斯学派的思想不断影响着柏拉图。在精神上，柏拉图推崇的几何课程是属于毕达哥拉斯式的。对欧洲现代公立学校课程设置的影响程度，柏拉图推崇的几何课程很可能比人们所能想象的更加深远。

尽管如此，柏拉图似乎并没有取得任何进展。他希望，通过形而上学和伦理训练，改革个人道德和社会道德。他甚至比现代民主主义者或英国激进分子更重视教育的价值。现代民主主义者或英国激进分子认为，只要向大众灌输知识，就能使大众在文雅和舒适的生活方面与上流社会平起平坐。柏拉图的教育是为少数统治阶级量身打造的，他认为工匠或工人不适合这种高度的特权。柏拉图的理想中，要么是一个杰出的人当君主，要么建立一个由守卫者组成的小型寡头政治，要么制定一套严格的法律，严厉惩罚任何违法的行为或质疑行为，以作为社会保障。尽管有这些保障，柏拉图认为没有哪一个国家会永垂不朽，即使是在理想状况下建立起来的国家，也必须经历年轻和成熟，最终走向衰老。

我不想再谈柏拉图的政治思辨，这属于我讨论主题的另一部分。我现在关心的是柏拉图的神学和形而上学。早期基督教思想家如圣奥古斯丁(Saint Augustine)喜欢柏拉图，称柏拉图为"阿提卡的摩西"。在《理想国》中，柏拉图甚至提议驱逐荷马及其他史诗诗人，建立更崇高的信条。他认为，这是纯洁而健全的道德的必需条件。真正的神必须是唯一的，是一切善的创造者。真正的神必定不受情感干扰，不会反复无常，没有爱与嫉妒，没有骄傲与兴趣。世上可能存在的任何缺陷并非因为真正的神缺乏仁爱，而是因为真正的神缺乏控制事物必要性的万能性，或者更确切地说，因为任何存在，无论全能与否，都不可能调和绝对矛盾。

例如，从造物主的角度来看，生物拥有自由意志，不像机器一样被不可战胜的需要所控制可能会更好，这样的生物也可能更高贵。然而，生物如果确实拥有自由意志，怎么可能不犯错，怎么可能不在世上制造邪恶？如果生物拥有自由意志是世上邪恶的根源，那么就意味着，在一种比完美秩序更高尚、更良好的状态中，美德的观念消失了。

除了最资深的基督教神学家，柏拉图比其他任何人思考得都更加深入。他宣称，道德法则是永恒的、不可改变的，甚至对宇宙的创造者也有约束力。换言之，根据剑桥柏拉图学派所谓的"永恒的道德"理念，中世纪存在的一大争论(上帝之所以做一件事，是因为这件事是对的，还是说因为这件事是上帝做的，所以这件事必须是对的)得到了解决。如果道德是神的义务，那么凡人的行为显然不算正义，不计后果地遵守道德法则也毫无尊严可言。更何况，一个人因错误行为而受到惩罚远比他逃避后果要快乐得多、好得多，因为他一旦逃避后果，就错过了犯错带来的痛苦教训产生的积极影响。每个人都应该对道德原则有清晰的认识。在柏拉图时代，选择正确的道路往往比发现正确的道路后坚持走下去更困难。这正是许多学者研究道德观念术语的恰当内涵的意义所在。什么是正义，什么是节制，什么是贞洁，什么是圣洁？通过讨论，我们不难看出，人们通常对这些问题的认识不清晰，而且常常自相矛盾。要想过上更纯粹的生活，首先要了解生活的状况，要通过智慧和意志来支配人的行为。一个人一旦清楚地认识到自己可以毫不费力地履行职责时，就会认同苏格拉底和柏拉图：美德就是知识，正确的生活是一门科学，因此，高尚的教育是高尚人格的必要条件。

然而，"高尚的教育是高尚人格的必要条件"的认知，完全不同于基督教的道德观。基督教认为，儿童和无知的人比明智、谨慎的人更需要救赎。然而，基督教的道德观就像原始教会的理论一样，在革命刚开始时可能很实用，但在革命后可能就不可行了。中世纪的教会并不仅仅是因为所谓的腐败和堕落才忽视基督徒的贫穷及基督徒之间的平等。人类社会中存在着一种贵族，即知识贵族。任何宗教、道德和政治体系，一旦忽视这一事实，就可能产生灾难性的后果，这是柏拉图的教导。正是基于此，柏拉图思考灵魂的本质、灵魂与宇宙创造者的关系、灵魂与超越普通经验的更高更深的知识的关系。

　　柏拉图可能受到古希腊神秘主义者和神学家的影响，渐渐相信灵魂不朽，或者更确切地说，灵魂永恒。在他的著名的《斐多篇》(Phaedo)中，柏拉图讨论了这个现在已被接受的信念。他试图根据形而上学的原则推断，灵魂与肉体不同，并且高于肉体，灵魂不会随着肉体的死亡而消失。埃尔文·罗德(Erwin Rohde)[1]完全不赞同揭示宗教本质的批评家的观点。他说："没有任何一位人类导师像柏拉图那样，为推广(灵魂不朽的)信仰而付出如此多的努力。"灵魂不朽的信仰不仅带来高尚的精神生活，还产生了高雅的诗歌。这一点在英国诗人身上体现得特别充分。冷静的威廉·华兹华斯也许就是典型代表。

---

[1]　埃尔文·罗德(1845—1898)，19世纪的德国伟大古典学者。——译者注

我们的出生不过是沉睡，是遗忘；

伴随躯体同来的灵魂——生命的星辰，

本已在异处安歇，

又从远方来临；

……

又如：

因此在这风平浪静的季节里，

虽然我们身处偏远的内陆，

我们的灵魂仍然可以看见不朽的海洋，

它把我们送到这里，

只消片刻，我们便能重返那里，

去看孩子们在海滩上嬉戏，

去听浩瀚的大海奔腾不息。

　　我是否需要接着谈谈亚里士多德，并详细说明他的哲学如何支配中世纪的学问并被教会采纳、保护呢？我是否需要详细说明，打破亚里士多德铸造的束缚人类智慧前进的桎梏，成了逻辑学和心理学为了变革而付出努力的目标之一呢？我是否需要告诉你们，这一切都并非亚里士多德的原意，而是后人根据翻译和评论获得的间接信息呢？

最后，我将以柏拉图和亚里士多德将哲学转变为道德来统治罗马世界的两大体系（我是指斯多葛学派体系和伊壁鸠鲁学派体系）来结束我的演讲。斯多葛学派和伊壁鸠鲁学派清楚地描绘了人类的性格，并成为我们今天的导师。这并不是说他们回避了对宇宙本质的推测。由德谟克利特传下来的伊壁鸠鲁物理学是最困难的研究领域之一。斯多葛学派把宇宙的和谐作为智者的行动动机。现在，斯多葛学派和伊壁鸠鲁学派的推测可能已经过时了，但作为道德类型的导师，作为人类最高智慧在追求幸福中发现的东西的阐释者，它们确定了文明人的类型。在座的每个人都是天生的斯多葛主义者或伊壁鸠鲁主义者，或者更常见的是，根据环境的不同，两者交替出现。我们是为责任而活，还是为享乐而活，当然，不仅是感官上的庸俗快乐，还是智力和道德愉悦的完美平衡？这一点，在我的老朋友华特·佩特的《享乐主义者马利乌斯》(Marius the Epicurean)中得到了最好的解释。不然，我们就要在自我之外、在世界的道德统治者为世界福祉而建立的法律中去寻找标准，并与世界的道德统治者合作，促进世界的道德统治者的伟大目标。这就是斯多葛学派理想中的智者。他们为了伟大的责任和伟大的使命，即为了比动物或社会福利更高尚的目的而生活，蔑视一切世俗的快乐和肉体的享乐。在西塞罗对斯多葛学派体系的总结中，我们可以得到最好的表述[①]，或者你们可以在圣保罗响亮的号角中找到一个更熟悉的形式："似乎是诱惑人的，却是诚实的；似乎不为人所知，却是人所共知的；似乎要死，却是活着的；似乎受责罚，却是不至丧命的；似乎忧愁，却是常常快乐的；似乎贫穷，却叫许多人富足的；似乎一无所有，却是样样都有的。"[②]圣保罗是一个斯多葛主义者，不怕对当时有教养的人们宣扬类似于泛神论的斯多葛神学。

如果有一天人类不再接受启示的引导，开始拒绝奇迹和预言，只相信纯粹的理性之光（人们常常期待这样的未来）——我要说的是，如果一个时代抛弃了基督教信仰，而芝诺和伊壁鸠鲁在各自体系中形成的伦理类型仍将存在——那么总有尽责的人和享乐的人、为他人而活的人和为自己而活的人，用现代哲学术语来说，即有利他主义者，也有利己主义者；有唯心主义者，也有唯物主义者。

我不得不在此中断我的演讲。事实上，我确实无法在讲座中阐述所有内容，除了我知道却略去的许多内容，还有更多的内容是因我不知道而省略了。我还不了解那些在理想中生活和工作的天才及我们现代生活千变万化的方方面面。也许，很少有人在自己生命的更多阶段与古希腊生活产生更持久、更亲密

---

① 　《论目的》(*De Finibus Bonorum et Malorum*)。——原注
② 　《哥林多后书》第6章第9节、第10节。——原注

的联系，他们从来没有更深入地了解古希腊人留给人类的大量遗产。随着时光流逝，因为人类亵渎的双手，我们已经失去或毁灭了太多。我溯流追寻得越远，视野就越宽广。所以现在，当我的任务快要完成时，对我而言，世上没有比这更大的满足了。我举着古希腊文明的火炬，走过了漫长的一生。世上最崇高的希望就是，我可以把古希腊文明的火炬传给他人，他人再轮流让这火炬燃烧起来，也许更辉煌，但不会更诚挚，"人类的议会，世界的联邦"。

图书在版编目（CIP）数据

在希腊：通往现代世界 /（爱尔兰）约翰·蓬特兰·马哈菲著；周琴译 .
-- 北京：中国工人出版社 ,2022.8

书名原文：What Have the Greeks Done for Modern Civilisation?

ISBN 978-7-5008-7970-1

Ⅰ.①在… Ⅱ.①约…②周… Ⅲ.①文化史—研究—古希腊 Ⅳ.① K125

中国版本图书馆 CIP 数据核字 (2022) 第 157579 号

在希腊：通往现代世界

出 版 人	董　宽
责任编辑	宋　杨　严　春
责任校对	丁洋洋
责任印制	黄　丽
出版发行	中国工人出版社
地　　址	北京市东城区鼓楼外大街 45 号　邮编：100120
网　　址	http://www.wp-china.com
电　　话	（010）62005043（总编室）
	（010）62005039（印制管理中心）
	（010）62379038（社科文艺分社）
发行热线	（010）82029051　62383056
经　　销	各地书店
印　　刷	三河市东方印刷有限公司
开　　本	880 毫米 ×1230 毫米　1/32
印　　张	6.75
字　　数	130 千字
版　　次	2022 年 11 月第 1 版　2022 年 11 月第 1 次印刷
定　　价	54.00 元